최선

새로운 나를 만나는 도전

최선

새로운 나를 만나는 도전

KSA 인재개발원 엮음

또 다른
나를 만나다

최선

나는 나를
넘어선다

변화와 혁신의
터닝 포인트

'행동이 변하면 생각이 바뀌고,
생각이 바뀌면 운명이 바뀐다'

행동혁신을 통한 의식변화를 만들어온
KSA의 핵심인재 의식고도화 과정 수료자들이 말하는
진정한 '최선'의 삶에 대한 이야기

핵심인재 의식고도화 과정
30주년을 맞이하며

"직장인이면 누구나 핵심인재가 될 수 있다. 행동을 통해 생각이 변하면 습관이 바뀌고, 나아가 운명도 바꿀 수 있다."

올해로 30돌을 맞는 우리나라 대표적인 의식교육으로 자리매김하고 있는 핵심인재 의식고도화 과정의 핵심 키워드이다.

이 과정은 최고의 가치로 삼고 있는 '최선을 다해 행동'함으로써 새로운 나를 찾고 또 다른 내면에 숨어 있는 엄청난 잠재력을 발견하는 체험을 가질 수 있도록 구성되어 있다.

직장의 발전과 변화를 주도하는 것은 그곳에서 일하고 있는 직원들의 하고자 하는 의욕에서 출발한다는 생각 때문이다.

4박 5일 동안 예의, 행동강령, 발성, 정독, 3분 스피치, 팀워크 행군, 협조

성, 보고서, 챌린지 어드벤처, 자기발전계획, 발표력, 나의 각오로 구성된 12단계를 거치도록 되어 있다. 이처럼 조직 생활에서 가장 기본적인 분야를 철저히 몸으로 실천한다는 점이 시간이 흐르고 시대가 바뀌었지만 아직까지 고객에게 끊임없이 사랑받는 이유일 것이다.

1984년 개설된 이래 한국표준협회 명품 과정으로써 우리나라 직장인 정신 강화의 대표적인 교육 프로그램으로 자리 잡았다. 현재까지 공개 과정만으로도 한 차례도 쉬지 않고 715회 차수를 넘어가고 있으며, 전국 1,200여 개 업체가 참가하여 지금까지 6만여 명의 교육생을 배출해 왔다.

30년이라는 짧지 않은 역사에 의미를 다할 만큼 이 과정이 이룬 교육적 성과는 무엇이었을까? 이 질문에 대한 가장 정확한 대답은 그동안 이곳을 거쳐 간 수많은 기업과 교육생들에게서 찾을 수 있을 것이나. 지금까지 그들이 현실 속에서 어떤 성장과 삶의 변화를 이루었는지를 살펴보는 것 자체가 그간의 성과와 의미를 설명해 주는 가장 정확한 근거가 되기 때문이다.

특히 교육에 대한 만족도는 모든 교육 일정을 마치고 나가는 수료생들의 진솔한 후기를 통해 여실히 증명되고 있다.

"눈빛부터 달라진다."

"자신의 본모습에 대한 새로운 발견과 새로운 자신감에 차 있다."

"주변 동료들을 챙기고 사람들과의 소통 능력이 생겼다."

"감사할 줄 아는 사람이 되었다."

이것은 교육 참가자들의 피드백에 공통적으로 등장하는 말들이다. 이런 성과들은 직원들을 교육에 참여시켰던 기업의 대표들로 하여금 10년, 20년을 넘겨가며 지속적인 직원 교육의 장으로써 의식고도화 교육 과정을 활용하게 만들었다. 어떤 기업은 의식고도화 교육 과정의 수료 여부를 직원들에 대한 중요한 평가 기준으로 삼을 정도로 그 신뢰의 강도가 견고하다.

교육에 참여한 기업 가운데는 폐업 직전의 위기에서 극적으로 탈출하고, 이후 비약적인 성장 가도를 달리고 있는 사례도 있다. 그 중요한 동력이 직원들의 의식 변화를 이끌어 낸 핵심인재 의식고도화 과정에 있었다는 사실이 알려지면서, 이 교육에 대한 기업주들의 신뢰는 더욱 확고히 굳어지게 되었다.

그동안 쌓인 경험과 노하우로 이제 직장인 교육 프로그램으로서는 국내 최고의 전문성을 자랑하며 뚜렷한 교육효과를 입증하고 있다. 그것이 30년이라는 기간 동안 꾸준히 관찰된 결과라는 점에서 더욱 의미가 크다.

현업에 필요한 실무적 직무 교육이 아니면서 이렇게 30년의 역사를 이어 올 수 있었다는 것은 그만큼 이 교육이 한국 사회에 필요한 교육적 요구에 충실히 답해 왔다는 사실을 말해 준다. 동시에 이 교육을 통한 성과들이 개인은 물론 기업의 성장에 현실적으로 기여해 왔다는 점은 무엇보다 뜻깊은 보람인 동시에 더욱 무거운 책임감을 느끼게 하는 대목이다.

의식고도화 30년! 그것은 갓 입사한 한 사람의 꿈 많은 젊은이가 직장의 중견사원이 되고, 조직의 리더가 되고도 남는 시간이다. 30년이란 시간은 그들이 이룬 변화와 성장 과정에서 의식고도화 교육의 의미가 무엇인지를 말하기에 충분한 시점이다.

더불어 30년 전과는 비교도 할 수 없을 만큼 급속한 변화를 이루고 있는 사회 경제적 환경 속에서 의식고도화 과정이 가지고 있는 사회적 의미를 확인할 때다. 그 토대 위에서 다시금 우리가 달려갈 미래의 비전은 탄생할 수 있을 것이다.

이 책은 의식 변화를 통해 몸과 마음으로 미래를 개척하고 있는 기업과 개인의 우수한 사례를 다루고 있다. 〈최선〉의 위대함을 다시 한 번 조명하는 계기가 되기를 희망한다.

KSA 인재개발원

변화와 혁신의
터닝 포인트

Contents

나는 나를
넘어선다

또 다른
나를 만나다

Contents

핵심인재 의식고도화
과정의 미래 비전

PART 04

변화와 혁신의
터닝 포인트

Story Contents

함께 꿈을 키우는 사람들
㈜DYM

석양에 길을 묻다

찌는 듯한 한여름 더위가 공단 거리를 가득 메우고 있었다. 그 뜨거운 열기에 세상 풍경이 아지랑이처럼 아른거린다. 박동하 사장은 창밖을 응시하고 있다. 벌써 한 시간, 아니 그 이상이 흘렀는지도 모른다. 그의 시선 끝에 잡힌 것은 갈라진 시멘트 블록 사이를 비집고 자란 풀 한 포기. 메마른 흙을 움켜쥔 채 안간힘을 쓰는 잡초가 어쩐지 회사가 닥친 현실과 닮아 있다고 생각한다. 그 좁은 틈에서 어쩌자고 키는 저렇게 훌쩍 자란 것일까?

"소나기라도 한바탕 내리면 좋으련만⋯."

1992년 처음 설립한 이래, 회사는 상승 곡선을 그리며 꾸준히 성장해 왔다. 전선 케이블 피복 재료를 생산하는 업체로서 해당 분야에서는 최고의 기술력과 전문성을 인정받으며, 해외시장 개척의 탄탄대로를 걸으며 한창

도약하던 중이었다. 그러나 예상치 못한 난관 앞에 지금은 회사의 존폐를 고민해야 하는 상황에 빠졌다.

단순히 외환 위험을 위한 대비라 생각하고 가입했던 '키코(KIKO)'가 문제였다. 수출 비중이 높은 업종의 특성상 불가피한 선택이었지만, 이것이 한 순간에 재앙으로 둔갑할 줄은 아무도 몰랐다. 세계 금융 위기의 거센 소용돌이 속에서 결국 회사의 피해는 눈덩이처럼 불었다.

거래 손실액만 무려 308억 원! 회사가 기를 쓰고 5년간 영업을 해야 상쇄 가능한 금액이다. 이것을 뛰어넘기엔 현실적으로 거의 불가능한 상황이다. 더더구나 직원들의 영업 시스템과 성과 수준을 볼 때 더욱 난망한 일이었다.

"어쩌겠나, 다 내 잘못이지. 충분히 검토하고 대비했어야 하는 거였는데…. 내 잘못이야."

자리에서 일어선 사장은 상의를 챙겨 들었다. 이대로 어디로든 나가야 할 것 같았다.

사장실 문이 열리자 파티션 사이사이에서 직원들의 시선이 몰려든다.

"거래처 좀 나갑니다. 일들 보고 퇴근해요."

애써 태연한 척 나가려는데 누군가 부르는 소리가 들린다.

"사장님!"

돌아보니 올해 초 입사한 막내 여직원이 일어서며 쭈뼛거리고 있다.

"응?"

"저기…, 힘내시라고요. 사장님께서 힘내시면 저희도 힘낼 수 있어요."

여직원이 조그만 손을 들어 '화이팅!' 해준다. 나머지 직원들도 일어서서 인사를 보낸다. 그 마음들이 곤경에 빠진 부모를 걱정하는 자식의 그것과 닮아 있다. 사장은 희미한 미소로 끄덕이며 사무실을 빠져나왔다. 마음이 더욱 착잡하다. 이 모든 간절함들이 무거운 책임감으로 더해진다.

어디로 가야 할까? 사장은 선뜻 방향을 정하지 못하고 잠시 그렇게 앉아 있었다. 공장 안마당을 천천히 돌면서 건물 구석구석을 돌아본다. 이 회사를 세우던 시점부터 지금까지의 그 모든 기억들이 생생하다. 제1공장을 거쳐 제2공장을 세우던 때, 진입로를 닦는 일부터 손수 다 챙기던 시간이다. 돌멩이 하나부터 벽돌 하나까지 그의 간절한 꿈과 희망이 담겨 있었다. 이 모든 것들이 이제 와서 물거품이 될 수 있다는 건 상상도 할 수 없는 일이었다. 핸들을 돌려 건물을 빠져나와 아산만 길로 달렸다. 시원한 바닷바람이라도 쐬면 마음이 나을까 생각하면서.

한여름 대낮의 도로엔 차량이 거의 없다. 속도를 더 내 달려본다. 양 옆으로 휙휙 내닫는 풍경들이 어쩐지 모두 그대로 다 사라질 것만 같은 기분이다. 예전에 직원들과 이따금 나와 달리던 드라이브의 시원함은 이제 없다. 하루 업무를 마치고 난 후 함께 나섰던 이 길에서 항상 활기차고 낙관적인 대화가 꽃피우곤 했었는데.

회사 건립을 위한 첫 삽을 뜨던 때, 1996년 '백만 불 수출의 탑'을 거머쥐었을 때, 1998년 처음으로 일본 수출의 활로가 열렸을 때, 2005년 '천만 불 수출의 탑'을 이뤘을 때, 2006년 제3공장을 준공하던 때, 2007년 회사의 독자 기술인 반도전 특허 등록을 하던 때, 세계 일류 상품으로 선정되던 날. 그 감동과 희망의 벅찬 기대는 모든 직원들이 힘든 줄도 모르고 달리게 하는 원동력이었다.

바다가 보이는 길가에 멈춰 박 사장은 생각에 잠겼다. 하나의 회사를 일군다는 것의 의미, 수많은 사람들과 더불어 단 하나의 꿈을 향해 달려가는 일의 고단함과 행복에 대하여. 그것은 비단 개인의 도전이 아니며, 개인적 성취가 아니었다. 가족 같은 직원들이 현재와 미래의 삶이 달려 있는 일이다 도저히 이대로 멈출 수 없는 일이었다. 살아날 방법을 찾아야만 한다. 어떻게든지 말이다.

많은 시간이 흘렀다. 붉게 물드는 바다가 눈앞에 황홀하게 펼쳐지기 시작했다.

"그래, 이대로 멈출 수는 없지."

달려온 길을 돌려 다시 회사로 향했다. 어디서부터 어떻게 손을 써야 할지는 아직 모르겠지만, 그가 지금 있어야 할 곳은 회사여야 했다. 본래의 자리에서 다시금 살아갈 방도를 모색해야 한다.

지금은 아니다. 지금 이대로 회사를 포기한다는 건 그가 선택할 수 있는 최악의 결론이다. 평생을 두고 후회할, 많은 사람들의 손가락질을 받을 무책임이 될 것이다. 가다가 다시 쓰러지는 한이 있더라도 지금은 일어서야 하는 순간이다. 무언가 할 수 있는 데까지는 달려야 한다는 것. 노을 지는 바닷가에서 그가 건져 올린 단 하나의 생각은 그것이었다.

여전히 덥고 습한 공기 속에 우뚝 선 회사 건물엔 아직 불이 환히 밝혀져 있다. 누구일까? 이 시간까지 남아 있는 사람은. 문득 반갑고 뭉클한 마음에 서둘러 사무실 문을 열고 들어갔다.

돌파구를 찾아서

"아니, 어딜 다녀오세요? 이 시간에?"

그를 맞은 건 성백룡 상무이사였다. 회사의 기술연구부터 조직관리에 이르기까지, 모든 일을 함께 의논하며 호흡을 맞춰 온 파트너. 책상 가득 쌓인 서류를 들여다보던 그가 걱정스레 묻는다. 그 역시 피로가 가득한 얼굴이다. 동병상련! 반갑고 고마운 마음에 사장은 덥석 손을 잡는다.

"그냥 이런저런 생각 좀 하느라고. 그나저나 아직 퇴근 안 하고 뭐해요?"

냉장고에서 차가운 음료를 꺼내 건네는 성 이사를 만나고 보니, 어쩐지 한결 마음이 놓이는 기분이다. 마음속 걱정과 고민을 허심탄회하게 털어낼 수 있는 사람, 회사의 어려움을 함께 타개할 수 있는 방법을 의논할 사람이 곁에 있다는 건 얼마나 위안이 되는 일인지 모른다.

"제가 생각을 좀 해봤는데요, 사장님, 우리 직원들 교육을 한번 보내보는 건 어떨까 해요."

"교육요?"

직원 교육? 회사의 운명이 경각을 다투는 시점에 하는 선택치고는 얼핏 거리가 있어 보이는 발상이긴 했다. 일상적인 시기도 아니고, 위기를 돌파하기 위한 긴급 처방으로 쓰기엔 뭔가 어울리지 않는 것 같기는 하지만, 성 이사의 의견이라면 생각해 볼만한 일이었다.

"평소 사장님 지론도 그러셨고, 직원들의 생각이 변해야 일도 달라질 것 같습니다. 특히 영업팀은 뭔가 확실한 전환이 없으면 지금으로선 가망이 없을 것 같고요."

사장은 고개를 끄덕인다. 회사의 비약적인 성장 속도를 채 따라가지 못하는 영업 라인의 문제는 항상 획기적인 전환을 요구하는 상황이었다. 확실한 영업 전략 없이 적당히 업계의 관행에 묻어가며 '최소한'의 목표에 만족하는 듯한 태도가 늘 문제였다. 기회가 될 때마다 여러 차례 그런 얘기를 했었지만, 직원들의 태도를 바꾸기엔 역부족이었다. 겉으론 이해하는 듯했지만 결국 달라지는 건 거의 없었다. 회사의 기획과 개발 분야의 성장과 조응하지 못하는 가운데 맞은 경영 위기는 영업팀의 전략 수정을 가장 시급한 과제로 부각시키고 있었던 것이다.

"글쎄, 뭐 생각해 보신 교육이라도 있어요?"

성 이사는 한국표준협회의 핵심인재 의식고도화 과정을 추천했다.

자신이 참가했던 경험에 비추어 직원들의 의식을 전환하는 데는 그만한 교육이 없다는 것이다.

"사람이 달라져요. 생각하는 자세와 일하는 태도가 확실하게 달라집니다. 이것 말고도 다른 대책들도 마련해야겠지만, 일단 한 번 영업팀장을 보내보면 어떨까요?"

한 번의 교육으로 사람이 얼마나 변할 수 있을지는 알 수 없지만, 시도해 볼 만하다고 생각했다. 무엇보다 지금은 시간이 그리 많지 않았다. 비용절감을 위시해서 긴급 체제로 돌입하는 동시에, 이 난국을 타개해 나갈 직원들의 강력한 의식 변화가 수반되지 않으면 안 되는 급박한 시기였다.

"해볼 수 있는 데까지 한번 해봅시다. 마지막 기회가 될지라도, 일단 진행해 보지요."

아무런 해법이 없을 것 같은 막막함 대신 알 수 없는 기대감이 조금씩 일어나고 있었다. 일을 하는 주체가 사람이고, 사람이 변해야 일도 달라진다는 생각은 평소 박 사장의 소신이었다. 그러나 회사를 세우고 여기까지 달려오는 동안 미처 구체적인 실행 방안을 마련하지 못한 부분이었다.

의식고도화 교육. 명칭도 생소했지만 사장은 그 타이틀에서 느껴지는 모종의 가능성을 믿어 보기로 했다. 이것으로 작은 물꼬 하나를 틀 수 있다면 하는 간절한 마음이었다.

사무실을 나서면서 사장은 작은 생수병 하나를 챙겼다. "낮에 짠 걸 드셨나보다"라는 성 이사의 말에는 그저 빙그레 웃는다.

"이게 꼭 필요한 녀석이 있거든."

박 사장은 낮에 무심히 보았던 보도블록 사이의 풀잎이 생각났다. 이미 시들어 기울어진 잡초 위로 조심스레 물을 부었다. 물의 무게 때문인지 바닥으로 낮게 깔리는 풀포기를 조심스레 세워 올렸다. 그리고 간절히 기원하였다.

'아직은 너무 늦지 않았기를….'

풀잎, 살아나다

일주일간의 교육을 마친 영업팀장이 사장실로 들어올 때, 사장은 뭔가 심상치 않은 기운을 알아챘다. 그는 방으로 들어온 후 문까지 잠그더니 그대로 무릎을 꿇는 것이었다. 촉촉이 젖은 눈가엔 결연한 의지가 담겨 있었다. 지금까지 한 번도 보지 못한 모습이다.

"사장님, 제가 그동안 인생을 잘못 살았습니다. 기회를 다시 주신다면 정말 열심히 해보겠습니다."

목이 쉰 영업팀장은 비장하게 말문을 열었다. 그간 무슨 일이 있었는가를 세세히 알 수는 없었나. 그러나 그의 내면에서 일어난 변화가 크고 깊었다

는 걸 한순간에 느낄 수 있었다.

사장은 엉겁결에 일어나 "그래, 우리 힘내서 다시 한번 뭉쳐보자"며 영업
팀장의 어깨를 다독였다. 뭐가 됐든 해보자는 마음을 먹었다는 사실 자체만
으로 다행이라 여겨졌다. 그가 교육을 통해 느꼈을 새로운 깨달음이 어떤
것인지를 모두 알 수는 없지만, 그의 표정과 태도에서 느껴지는 진심을 알
수 있을 것 같았다.

그날 박동하 사장은 시멘트 블록 틈바구니에서 버티던 잡초 한 포기를 다
시 찾았다. 고맙게도 풀은 싱싱하게 다시 살아 올라 있었다. 가만히 보니 갈

라진 줄기 사이로 강아지 꼬리 모양의 보송보송한 초록색 꽃이 올라오고 있었다. 강아지풀이었다. 척박한 환경에서 용케도 생명을 지키고 꽃대를 올리고 있는 그 모습이 대견하여, 사장은 자기도 모르게 "고맙다"를 되뇌고 있었다. 뭔지 모를 희망의 싹을 본 듯한 기분이었다.

이후의 변화는 실로 놀라울 정도였다. 영업팀장은 솔선수범해서 출근 시간도 앞당기고 팀원들을 소집해 꼼꼼히 영업계획을 수립하는 등 발로 뛰는 영업을 시작하였다. 지금까지 해오던 방식과는 전혀 판이한 분위기였다. 그 열기는 점차 타 부서로도 옮겨져 '키코' 재앙을 넘어 새로운 회사로의 도약을 다짐하는 분위기가 팽배했다. 그리하여, 2008년 당시 월평균 매출 실적이 100% 이상 증가하는 기염을 토했다.

"이 정도일 줄은 몰랐는데, 의식고도화가 사람을 완전히 바꿔 놨네!"

세상에는 수많은 직원 교육들이 있지만, 의식고도화 과정이야말로 당시 회사를 살려낸 결정적인 변수가 되었던 것이다. 영업팀장 이후로도 직원들은 순차적으로 교육에 참가했고, 그 효과는 단지 특별한 몇몇 사람에게만 해당하는 것이 아님을 입증했다.

하나 같이 쉰 목소리로 돌아온 직원들은 눈빛부터 빛났으며, 자세는 180도 달라져 있었다. 어려울수록 진정한 동료애가 빛을 발하듯 경영진과 직원들 사이에 흐르는 유대는 더욱 깊고 두터워졌으며, 무엇이든 해보자는 열기로 넘쳤다. 가장 뚜렷한 성과는 매출액의 급속한 증가였다. 자금난에 허덕이느라 설비투자는 거의 제로에 멈춰 있는데도 매출은 매년 20% 이상 상승

하고 있었다. 그렇게 해서 2010년 12월을 기해 회사는 '키코'의 덫에서 벗어 날 수 있게 되었다.

거의 기적에 가까운 일이었다. 현실적인 해결책이 없다고 생각했는데, 회사는 당당히 위기를 넘기며 재도약의 행진을 이어가고 있었다. 긍정적인 사고와 적극적인 자세, 그리고 주인의식이 아니었다면 위기를 극복하지 못 했을 것이다.

물론 이 모든 게 교육으로 인한 효과만은 아닐 것이다. 전사적으로 비용 절감을 위한 대대적인 결의가 있었고, 임·직원 임금 동결은 물론이고 사내 복지 혜택 축소, 행사 간소화도 실시했다. 또한 전사적인 원가절감 활동을 실시하여 생산성을 극대화하기 위해 노력했으며, 영업 직원들을 현장으로 출퇴근시키는 등 판매에 활력을 불어넣기 위해 최선을 다했다. 말 그대로 각자 자기 자리에서 할 수 있는 최선을 다했고, 그런 노력이 서로를 고무시 키며 그 어느 때보다 활발하게 움직였기에 가능한 결과였다.

"이 모든 것에 감사하네. 무엇보다 의식고도화 덕분에 살았다고 봐야지. 정말 고맙네."

이것은 비단 첫 제안자인 성 이사에게만 보내는 감사는 아니었다. 함께 고통을 분담하고, 회사 일을 자기 일처럼 여기고 열심히 해준 직원들의 노력에 대한 감사였다. 그 이후로 의식고도화 교육이 직원 교육의 필수 과 정으로 채택된 것은 너무나 당연한 결과였다.

환골탈태, 그 후의 이야기

　수없이 지켜본 직원들의 교육 이후의 변화는 이제 하나의 확신으로 굳어졌다. 회사 경영을 하는 데 있어 의식고도화 과정을 선택한 결정은 정말 탁월했다는 것을 말이다. 과정을 수료하고 난 직원들은 힘든 과정을 겪은 후라 많이 힘들어 보였지만, 정신은 튼실해 보였다. 그들은 이구동성으로 말했다. "처음 2~3일까지는 진정한 교육의 의미를 모르고 반감을 가진 것도 사실"이라고, "하지만 교육을 마치고 이 교육의 진정한 의미를 알게 되었다"고 말이다. 또 "그동안 최선에 대한 진정한 의미조차 모르고 최선을 이야기했습니다", "그동안 제가 잘못 생각한 게 많았습니다. 앞으로는 긍정적인 마음과 열정, 주인의식을 가지고 회사에 보탬이 되는 인재가 되겠습니다"라는 말도 잊지 않았다.

　말로 그치는 변화가 아니다. 실지 현업에서 보여주는 그들의 모습은 흔히 말하는 '환골탈태'의 표본이라 할 만큼 극적이기까지 하다. 업무에 대한 열정은 물론이고, 인생을 살아가는 방향과 자신감을 얻은 것 같아 노사 관계를 떠나 진심으로 뿌듯한 마음이 드는 것이다. 한 사람의 성장과 긍정적인 변화과정을 지켜보는 일은 언제나 감동적인 법이다.

　어느 금요일 오후. 거래처 관계자들과 함께하는 자리에서 박동하 사장은 한 통의 전화를 받았다.

　"어! 그래, 그래. 이제 끝났다고? 아이구야, 축하하네. 수고했어."

　싱글벙글 큰 소리로 통화하는 그의 목소리는 유난히 들떠 있었다. 지켜보던 거래처 사람들은 무엇에 대해 이야기하는지 금방 알아차린다. "그래. 푹 쉬고, 월요일에 보자고"로 마무리되는 대화를 지켜보며 누군가 한마디 한다.

"또 교육 보냈나 봐요? 핵심인재인가 뭔가 하는 거기?"

박 사장은 눈이 휘둥그레지며 "아니, 어떻게 그걸 아세요?"하고 되묻는다.

"수화기에서 다 들리네. 이상한 소리가 나잖아요. 쇳소리처럼. 하하하! 그 회사 사람들 다 보낸다면서요?"

이제 주변 지인들도 다 알 정도가 된 모양이다. 이 '쇳소리' 나는 통화의 정체에 대해서 말이다. 쉽지 않은 고비를 넘긴 회사의 내력과 직원들의 변화 등에 대해 가는 곳마다 어지간히도 자랑한 모양이다.

"이 교육을 받았다고 해서 100% 변화하는 것은 아니겠지만, 다녀온 대부분의 직원들은 마음으로부터 뜨거운 열정 같은 걸 느끼게 되더라고요. 일을 하는 분위기도 완전히 달라져요. 입사했을 때 업무에 대해 두려워하던 직원들이 교육 받고 난 다음부터는 아주 적극적인 모습으로 변하더라고요. 아주 신통하게도."

박 사장은 변화의 결정적인 이유가 뭐냐는 물음에 '목적이 생겼기 때문'이라고 답한다. 직장 생활을 하는 사람들이 저마다의 목적과 이유를 가지고 살아가지만, 대개 생활을 유지하기 위한 수단 이상의 의미를 갖기 어렵다.

"우리 직원들은 달라요. 자기 존재 이유에 대해 말이 아니라 일 속에서 증명하려고 하죠. 이게 가장 큰 차이점인 것 같습니다. 일과 꿈이 하나로 통합된다고나 할까요."

전에는 '시키는 일'이 뭔지에만 관심이 있었는데, 이제는 '내 일'이 뭔지를 먼저 찾아 더 관심을 갖고 적극적으로 찾아서 한다. 사장으로서 볼 때 최고의 직원이다. 이런 사람들이 많을수록 회사는 성공할 가능성이 높다.

'쇳소리' 나는 전화 한 통 덕분에 본래 주제는 잠시 제쳐 두고 사람들의 관심은 의식고도화 얘기에 쏠려 버렸다. 박 사장은 내친 김에 직원들 자랑을 좀 더 해도 좋겠다는 생각이 든다.

그는 의식고도화 과정을 통해 가장 인상적인 변화를 보인 직원들의 이야기를 들려주었다. 숱하게 많은 직원들을 교육에 보냈고, 이후의 변화된 모습에 탄복할 수밖에 없던 사례들이 너무 많지만, 그 중 가장 기대하지 않았던 한 직원의 변화에 대해서는 꼭 소개해 주고 싶었다.

그는 누가 봐도 일에 대한 의욕이 없는 얼굴을 하고 다녔다. 매사에 심드렁하고 의욕이 없어 보이니 보는 사람도 답답할 지경이다. 말을 걸어도 시니컬한 그의 태도는 의미 있는 대화가 이어지기는커녕 사람들이 저절로 멀어지게 만들었다. 무례한 것은 아니지만 동료들과의 친근한 소통이나 유대에 대해서는 별 관심이 없어 보였다. 자신이 수행해야 하는 업무를 지정된 날짜까지 완료하는 것 외엔 관심이 없는 사람이었다. 사장이 볼 때는 한 사람으로 인해 주변 분위기마저 침울해지는 것 같았다.

일을 못 하는 직원은 아니다. 그러나 저런 자세로 회사 일을 오래 할 수 있을지 은근히 걱정되는 친구였다. 그는 사실 또래들 중에서 가장 돋보이는 학력과 스펙의 소유자였다. 그래서 그런지 입사한 때부터 많은 사람들의 주목을 받았고, 사장 역시 내심 기대가 컸던 게 사실이다.

유심히 지켜본 바, 그의 결정적인 문제는 '열정 없는 엘리트' 라는 점이었다. 개인적으로 불러 여러 차례 상담도 시도해 보고 이런저런 교육을 권해 봤지만 별다른 효과가 없었다. 본인 스스로 누군가의 의견에 귀 기울이거나 열심히 해보겠다는 생각이 없어 보였다. 심지어 회사의 필수 코스가 된 핵심인재 의식고도화 과정을 들어가는 날 아침까지도 마찬가지였다.

"자네에게 정말 도움이 되는 교육이 될 걸세. 열심히 한번 해 보라고."

박 사장의 격려와 당부에도 그는 마지못해 고개만 끄덕일 뿐, 뚱한 표정으로 앉아 있었다. 교육에 대한 걱정 때문에 긴장하고 있는 직원들은 많았지만, 저렇게 노골적으로 불만을 보이는 친구는 여태껏 없었는데 말이다. 그는 예의 심드렁한 표정을 한 채 대충 인사를 하고 나갔다. 이런 걸 왜 보내나 하는 불만이 나가는 뒷모습에 여실히 드러나는 태도였다.

"저러다 중간에 뛰쳐나오는 거 아닌가 모르겠네."

어쩌면 교육을 다녀온 후 바로 사표를 쓰고 나갈지도 모르겠다는 생각이 들었다. 그래도 할 수 없는 일이다. 그렇게 나갈 친구라면 빨리 헤어지는 것도 방법이다. 어쨌거나 일단 보냈으니 결과는 본인에게 맡길 뿐, 지켜보는 수밖에 없었다.

사흘 후, 그의 편지가 도착했다. 그런데 편지를 통해 전해지는 그의 모습이 상당히 의외였다. 빼곡히 적어 내려간 글귀마다 그동안 보여줬던 자신의 모습에 대해 진솔한 성찰이 배어났다. 또한 그간 품고 있었던 개인적인 고민에 대해서도 허심탄회하게 풀어놓고 있는 게 아닌가? 평소 말수도 적고,

필요한 최소한만을 표현하던 그가 교육 과정 중 느꼈던 감정의 변화들을 상세하게 담고 있다니.

특히 무기력하고 수동적이었던 자신의 회사 생활에 대한 뼈아픈 반성이 눈에 띄었다. 적어도, 사장에게 잘 보이기 위해 빈말을 할 친구는 아니었기에 더욱 놀라웠다. 크게 기대하지 않았는데, 이런 친구까지 변화시킬 만큼 의식고도화과정의 위력은 정말 대단하다는 생각이 들었다.

교육을 수료하는 날, 그는 우수한 성적으로 교육을 마쳤다며 가장 먼저 사장에게 전화를 해왔다. 비록 목소리는 갈라지고 피곤하게 들렸지만 그는 분명 기쁨으로 충만해 있었다.

"이제 좀 알 것 같습니다. 제가 어떤 사람인지, 무엇을 잘못 생각했는지 말입니다. 돌아가서는 정말 다시 시작하는 기분으로, 멋진 직원이 되고 싶습니다."

그의 상기된 음성은 듣고 있는 이의 마음까지 흐뭇하게 만들 정도로 활기찼다. 이전의 그 사람이 맞나 싶을 정도의 변화이기에 더욱 반갑고 기분 좋았다.

"이렇게 해서 저는 또 한 사람의 귀한 인연을 만났지 뭡니까? 회사와 더불어 자신의 꿈을 실현해 보고 싶은 젊은 인재가 늘었으니, 이보다 뿌듯한 보람은 없어요."

흐뭇함과 자부심이 그대로 묻어나는 박동하 사장의 이야기는 거기서 끝났다. 대부분 같은 지역에서 사업을 하는 대표들로서 그것은 매우 관심이 갈 수밖에 없는 주제다. 다들 만나면 '내 맘 같지 않은' 직원들에 대한 하소연을 하니 말이다.

"호오~ 진짜 의식고도화라는 게 그렇게 대단한 건가요?"

"내가 볼 땐 박 사장이 더 대단해. 그 회사 일 돌아가는 거 보면 정말 정신이 하나도 없이 바쁠 텐데, 그렇게 매번 돈 들여서 직원들을 보내니 말입니다. 일주일씩이나."

"지난번에 얘기 듣고 나도 한번 보내볼까 했는데, 무엇보다 직원들이 더 난리예요. 그런 거 필요 없대. 그냥 하던 대로 하재요. 참 답답하지."

회합을 끝내고 회사로 돌아가면서 박 사장은 다시 한 번 생각해 본다. 회사마다 인재 교육의 중요성을 얘기하면서도 정작 어떻게 인재를 키울 것인지, 어떤 사람이 회사에 필요한 인재인지에 대해서는 다들 막연하기만 한 것 같다. 사실 이보다 더 중요한 게 없는데, 다들 미루고 있다.

회사 설립 초기엔 박 사장도 마찬가지였다. 필요성을 알고 있지만 아직은 충분한 '짬'이 안 난다고 생각했다. 회사가 어느 정도 성장한 이후의 과제라고 여겼었다. 그러다 뜻하지 않은 고비를 만나고 극적으로 회사를 살려내는 과정에서 그는 확실히 깨달았다. 회사의 우선순위를 생각한다면 인재를 키우는 일이 최우선이라는 것을.

"회사를 살리는 사람이 인재지, 뭐가 인재인가?"

혼잣말을 하면서 그는 피식 웃는다. 세상에는 인재의 조건을 말하는 수많은 기준들이 있지만 그가 생각하는 기준은 하나다.

'사장과 같은 목표를 가진 사람!'

같은 방향을 바라보고 같은 꿈을 꾸는 사람들이 바로 회사를 끝까지 책임지고 갈 진짜 인재들이 되는 것이다.

같은 꿈을 꾸고 한 길을 가다

2014년 4월 11일. 박동하 사장을 비롯한 직원들은 독일 뒤셀도르프에서 열리는 'Wire Tube 2014'에 참가했다. 이 행사는 와이어, 케이블, 튜브, 파이프 산업의 최신 기술과 제품을 선보이는 국제적인 전시로 세계 104개국이 참가하는 대규모 행사였다.

"보세요. 우리 부스가 한국 기업들 가운데서는 메인이잖아요."

성백룡 이사는 감격에 겨운 듯 많은 회사들의 제품이 전시되어 있는 부스를 둘러봤다. 정말 국내의 대기업 로고가 선명히 박힌 부스는 중앙에서 비켜난 구석에 위치해 있었다. 업계에서 차지하는 이들의 위치를 그대로 반영해 주는 모습이었다.

성 이사는 몇 년 전 회사의 존폐를 걱정하며 처음 의식고도화 교육을 제안하던 밤을 떠올렸다. 말라가는 잡초에 물을 부어주던 박 사장의 모습을 뒤에서 지켜보고 있던 그날을 생각한다면, 국제 무대에서 당당히 제품을 알리고 해외 전문가들로부터 찬사를 듣고 있는 이 순간은 정말이지 꿈만 같았다.

그렇게 몇 년 후, 한마음이 되어 땀 흘려 노력한 직원들의 열정이 국제적인 성과를 이룩해 냈다. 어디라도 떳떳이 내세울 만한 자랑스러운 역사가 지금 이 국제 무대 한복판에서 당당히 증명되고 있다. 사장을 비롯한 모든 직원들은 그 과정을 통해 희망이란 어떻게 시작되고 열매 맺는가를 배웠다. 무엇보다 중요한 것은 뚜렷한 목적의식의 공유였다. 똑같은 꿈을 꾸고 있는 사람들의 열정이 불가능한 것을 가능케 만든 것이다.

"그때 이사님 제안이 회사를 살린 겁니다."

서로에게 공을 돌리는 두 사람의 얼굴에 벅찬 감동이 흐른다. '그날' 이후, 이들은 반도전 업계에서 명실공히 국내 1인자의 자리를 공고히 하며 기술 개발에 박차를 가해 왔으며, 국제 무대에서는 세계 3대 메이커로서 위상을 떨치고 있다. 전력 케이블 및 케이블 재료 분야에서 이들이 이룩하고 있는 성과는 그야말로 '할 수 있는 최선을 다해서 이루어 낸' 최고의 결과다.

혹독한 경험 속에서 회사는 많은 것을 배웠다. 도저히 가망이 없을 것 같은 어려움도 의지만 있다면, 그리고 그 의지를 행동으로 옮길 수 있다면, 이겨낼 수 있다는 자신감이다. 또한 사람의 변화가 모든 일의 시작이라는 신념은 이들이 이룬 외형적 성과 이상으로 크고 견고하다.

조기 출근과 급여 동결 등의 '허리띠를 졸라매는' 긴축 경영 속에서도 직원들은 함께 견디며 한 발 한 발 회사를 정상화시키는 일에 동참해 주었다.

"퇴사하면 그만이라 생각할 수도 있는데, 우리 직원들은 함께 남아서 회사를 지켰습니다. 이 회사가 내 회사라는 주인의식 아니고는 불가능한 일입니다."

사장을 비롯한 모든 직원들이 자신들이 해낸 일에 스스로 놀라워하고 자부심을 갖는 데서부터 회사는 다시금 비상의 날개를 펴기 시작했다. '키코'의 덫에서 벗어난 2010년 12월 이후로 회사의 매출은 다시금 상승 곡선을 그리며 올라가고 있다.

지금은 '위기탈출'이 목적이 아니라, 다 함께 '새로운 비상'을 꿈꾸는 행복한 시대를 살아가고 있는 중이다.

Story 2

우리는 '의고' 동창생,
즐거운 시절이 열릴 것이다
㈜MTS코리아

축구장을 삼켜버린 함성의 주인공

매화꽃 피는 고장, 광양의 봄은 연분홍으로 만개하는 꽃망울로 시작된
다. 멀리 보이는 산등성이마다 화사한 꽃무리가 펼쳐지고 있다. 봄을 맞이
한 광양에서 근무를 끝낸 MTS코리아 직원들이 사옥 현관을 나서고 있다.
몇 대의 차량에 나눠 오르는 분위기가 어디 즐거운 회식이라도 가는 것 같
다. 오늘의 행선지는 광양의 축구 전용 구장이다. 술자리를 즐기는 회식이
아니라 함께 산행을 하거나 축구 경기를 관람하는 등 직원들끼리 '뭉치는'
일은 종종 있는 일이다.

"다들 그럼 거기서 보자고~!"

사장의 활기찬 손짓에 창문마다 내민 얼굴들이 손을 흔든다.

"옆으로 새지 말고, 곧장 거기로 가는 거다!"

김 부장의 말을 끝으로 차량들이 하나둘 출발했다. 열심히 일하고 난 후련함과 알 수 없는 기대감이 일행의 기분을 들뜨게 한다. 경기장 안은 이미 응원단의 현란한 동작과 고막을 찢을 듯 울려 퍼지는 음악 소리가 뒤엉켜 있다.

"여기야, 여기!"

들어서는 직원들의 얼굴이 벌써부터 흥분으로 들떠 있다. 축구 자체를 즐기는 것도 좋지만, 그간 쌓인 일상의 스트레스를 풀어버리는 데는 이만한 게 없다. 터질듯 말듯 하는 '골' 하나에 기대감을 가지고 목이 터져라 외쳐대는 응원은 경기장을 즐기는 묘미 가운데 하나다. 크고 후련하게 소리 지르는 것, 이게 얼마 만인가. 이제 웬만해선 목이 쉬지도 않는다. 직원들마다 핵심인재 의식고도화 과정에서 '한 내공'씩 쌓은 덕분이다. 본인들은 '득

음의 경지'라며 은근 자랑이다.

"야, 야, 야아! 아이구, 참. 오른쪽, 오른쪽으로!"

"질러, 질러! 이야! 바로 지금이라고!"

높아지는 함성을 따라 쌓인 스트레스도 훨훨 날아간다.

"골인! 골~인! 와~ 하하하하, 내 그럴 줄 알았다니까."

"그렇지! ○○ 선수, 멋져 부러!"

한참 응원을 하다 보면, 어느샌가 사람들의 시선이 자꾸 이쪽으로 모여드는 게 느껴진다. 한 덩어리로 뭉쳐 출렁이고 있는 직원들의 목소리 때문이다.

"웬 사람들이 저렇게 소리가 커? 기차 화통 삶아먹은 사람들이 단체로 왔네 그려."

들리지는 않지만 사람들의 표정은 그렇게 말하고 있었다. 아무래도 좋다. 지금, 이 경기장의 주인공은, 아니 적어도 관중석에서의 주인공은 우리! 소리만큼은 화끈하게 즐기고 싶다.

"뭘? 우리 소리가 뭐 어때서. 응원을 하려면 이 정도는 해야지. 얌전히 있으려면 여기 오면 안 되지."

박 대리는 옆구리를 쿡 찌르며 조심스레 소곤거리는 신입 여직원에게 능친다. 아마도 우리 응원 소리가 너무 크다고, 민폐 아니냐는 소리였을 것이다. 의식고도화 경험이 아직 없어서 그런가. 그녀는 몰라도 너무 모르는 거다. 운동장에서는 맹수처럼 포효할 줄 알고, 사무실에서는 스마트하고 열정적으로 일할 줄 아는 것이 이 회사 사람들의 매력이라는 걸.

하여튼 응원하는 팀이 이긴 덕분에 사람들은 더없이 후련하고 유쾌한 한

때를 즐길 수 있었다. 호프 한 잔으로 마무리하는 뒤풀이는 직원들의 상승된 기분을 마무리하는 당연한 순서. 높이 솟은 맥주잔, '위하여!' 소리마저 쩌렁쩌렁하고 힘차다.

"이번에 간 친구들은 좀 어떻드나? 연구소 신입들도 갔지? 지금쯤 다들 도장 두세 개는 받았겠구나, 야."

류은상 사장의 말에 핵심인재 의식고도화 과정 얘기가 본격적인 화제로 등장하며 활발하게 잔들이 부딪친다. '핵심인재 의식고도화'를 줄여 '의고'라 부르고 스스로 '의고 동창회'라 부를 만큼, 이 회사는 의고 훈련을 받지 않으면 기본적으로 멤버로서의 자격이 갖추어지지 않은 것으로 간주될 정도다. 그러니 새로운 직원이 의고에 갔다는 얘기만 나오면 너나없이 '끔찍했던 의고 시절' 추억으로 분위기가 급상승하는 것이다. 그러다 보면 사장부터 젊은 사원까지 정말 동창회에서 만난 친구들처럼 스스럼없고 유쾌한 대화가 끝도 없이 이어지곤 한다.

그리운 은숙 씨, 보고 있나?

퇴근시간이 얼추 다가올 무렵, 출출해진 시장기를 달래기 위해 오늘은 박 대리가 한턱 쏘기로 했다. 뜨끈한 대형 피자에 색색의 토핑이 듬뿍 얹혀 있는 것이 보기만 해도 군침이 돈다. 테이블에 세팅된 피자와 콜라를 중심으로 모여드는 사람들의 표정에 생기가 돈다.

"이야~ 안 그래도 사다리 탈 시간이 된 거 같다 했더니, 역시 박 대리님이셔, 그것도 내가 좋아하는 것들로만! 잘 먹겠습니다!"

피자 한 조각 들어 올려 입으로 가져가는 순간, 누군가 슬쩍 제지하는 소리가 들렸다.

"어허, 지금 '의고' 가서 고생하고 있는 은숙 씨 생각도 좀 해야지. 자, 다들 이리로 모여 보세요. 하나씩 들고, 최대한 맛있는 표정으로!"

익살스런 표정들이 한 입씩 피자를 물고 있다. V자를 그려 보이거나, 양손을 치켜 올려 흔들기도 한다. 이 사진을 보게 될 누군가에게 보낼 '강렬한' 메시지다. 하나, 둘, 셋! 찰칵! 스마트폰에 저장되는 몇 장의 사진 속에서 동료들의 일상은 즐겁고 평화롭기만 하다.

이렇게 즐겁고도 맛있는 오후 한때를 보내고 난 후, P 대리는 자리에 앉았다. 컴퓨터 앞에서 뭔가를 작성하는 얼굴에 웃음기가 번진다. '의고'에 가 있는 부하 여직원에게 응원 메시지를 쓰는 중이다.

그리운 은숙 씨에게. 고생이 많지?

이렇게 시작하는 선배로서의 당부와 응원의 글귀는 꽤나 진지하다. 평소 당차고 활달하던 모습에 대한 기억, 잘 할 수 있으리라는 기대, 앞으로 회사 동료로서 일하게 될 과제에 대한 몇 가지 당부 등. 그리고, 마지막 한 줄은 이렇게 적혀 있었다.

은숙 씨, 보고 있나? 오늘따라 피자는 왜 이리도 맛난 것이냐? ㅋㅋㅋ

그 밑에는 피자를 들고 온갖 표정을 짓고 있는 직원들의 익살스런 사진이 첨부되어 있었다.

"아유~ 짓궂기는 정말. 저거 보고 뛰쳐나오겠네. 피자 좋아하는 거 다 알면서."

뒤에서 보고 있던 여직원이 깔깔대며 한마디 한다.

"아냐, 저런 것까지 다 이겨내라는 사수님의 깊은 뜻이 있는 거지. 맛있는 피자의 유혹 따위는 싹 다 잊어버린 채! 최선을 다하라는 거지. 안 그래?"

교육 들어간 직원을 향한 응원은 이렇게 와글와글 한마디씩을 보태 가며 즐겁게 이어졌다. 박 대리는 생각한다. 모르긴 해도 이걸 보게 될 은숙 씨는 분명 행복할 거라고. '의고'에 들어갔을 때 게시판으로 전해지던 회사 사람들의 응원이 얼마나 큰 힘이 되고 뭉클했었는지 자신도 잘 알고 있기 때문이다. 응원 글을 읽으면서 울다가 웃다가 함께 일하는 동료들의 소중함에 대해서도 절절하게 느낄 수 있었다.

진정한 한 식구로 인정되는 관문을, 기왕이면 재미있고 유쾌하게 보내게 해주고 싶었다. 생전 처음 맛보는 혹독한 시간 가운데 동료들의 즐겁고 유쾌한 응원으로 한번 웃을 수 있다면 한결 힘이 될 것이다. 평소의 그녀 성격대로라면 분명 깔깔대며 좋아할 게 분명하다. 피자를 물고 있는 직원들의 마음까지 다 느낄 수 있을 것이다. 왜 안 그러겠는가? 그곳은 사람의 진심을 알게 되고 세상을 긍정하게 되는 '이상한' 마력이 있는 곳이니 말이다.

그는 파티션 벽을 바라본다. 가족사진과 동료들과의 야유회 사진들이 있고, 맨 위쪽에는 조그만 '딱지' 하나가 붙어 있다. 핵심인재 의식고도화 교육을 무사통과했다는 증명서다. '의고' 마지막 날 적은 '나의 다짐'은 매일 아침마다 한 번씩 읽어 보며 '최선을 다하는 하루'를 여는 주문이 되고 있다. 저걸 몸에 지닌 채 흘렸던 땀방울이 고스란히 얼룩져 남아 있어 볼 때마다 기억이 생생하다. 살아가는 의미, 일하는 의미에 대해 처음으로 마음속에서 뿜어져 나오는 열정을 갖게 해준 시간이다.

"또 마패 보는구나!"

총무팀 김준형 차장이 지나가면서 뒤에서 한마디 한다. 직원들의 교육 일정을 짜고 담당하시는 분이니 이번 교육에 보낸 직원들로 인해 한동안 '의고'가 사내에서 주된 화제가 되리라는 걸 잘 아시는 분이다.

여기서는 저 수료증을 '마패'라고 부른다. 누군가 처음 붙인 장난스런 이름이었지만 그 뜻이 제법 그럴듯하여 굳어진 이름이다. 마패처럼 수료증도 뭔가 중요한 신분과 자격을 상징하는 물건으로서 직원들이라면 이게 있어야 비로소 대접을 받는다. 모두가 함께 공유하는 하나의 기억과 그 속에 담긴 묵직한 의미가 회사 생활에 상당한 힘이 되고 있다.

이제 은숙 씨가 저걸 들고 오면 또 한 명의 '의고' 동창이 늘어난다. 저걸 들고 뿌듯해 할 후배 직원의 모습이 벌써부터 눈에 선하다. 박 대리는 은숙 씨가 돌아오는 날 점심은 반드시 피자 파티를 열어줘야겠다고 생각한다.

전 직원 결속과 공감대를 위한 탁월한 선택, '의고'!

"신생 회사이기 때문에 전 직원의 마음과 행동을 하나로 묶을 만한 탄탄한 경영 철학이나 경험이 부족했죠. 회사 조직이 힘 있게 굴러가려면 뭔가 구성원들의 공감대를 형성하는 중심이 필요했습니다."

류은상 사장이 회사 창립 초기부터 지금까지 의식고도화과정을 직원들의 필수 교육으로 정하게 된 배경은 그랬다. 사장 본인이 이전 직장에서 경험한 '의고' 과정의 가치를 새로운 회사의 중요한 경영 원리로 삼은 것이다.

"회사에서 가라니까 그냥 순서에 따라 갔었죠. 그런데 가서는 깜짝 놀란 거예요. 야, 이런 데가 있나? 말 그대로 행동과 정신을 교정하는 곳이더라고요. 삶의 기본 자세나 일하는 기본을 다시 세운다고 할까?"

그는 해병대 캠프도 다녀온 적이 있는데, 그 캠프가 일사불란함과 전체의 성취를 강조한다면 '의고'는 개인의 성장에 초점이 있다고 했다. 그가 '의고'의 가치에 주목한 것은 바로 그 점이다. 회사 운영에 있어 팀워크가 중요하지만, 그 팀워크를 제대로 갖추기 위해서는 개개인의 마인드가 중요하다는 생각 때문이다. 한 사람 한 사람의 긍정적인 마인드와 진취적인 자세가 모였을 때 만들어 내는 시너지는 무작정 '단결'만을 강조하는 조직과는 질적으로 다르다. 왜 하는지 그 이유를 알고 일하는 사람이 되기 때문이다.

그의 기대대로, '의고'를 다녀온 직원들은 확실한 '의고 효과'를 몸으로 보여주며 함께 회사를 키워 나가는 든든한 동반자의 역할을 해냈다. '사람이 달라졌다'는 말이 무슨 뜻인지 그렇게 확실하게 보여주기도 어려울 만큼, 회사 업무에 임하는 자세는 물론 생활 전반에 걸쳐 긍정적인 변화가 일어났던 것이다.

사장은 회사 초기부터 회사의 중심이 되어 활약하고 있는 심 부장의 이야기를 들려준다. 그는 지금 사내 기술연구소의 중추를 이루고 있는 인물인데, 사원들 가운데서는 가장 먼저 '의고'를 다녀왔다. 또한 사장으로 하여금 '의고' 과정을 직원들의 의무 교육으로 삼아야겠다고 확신케 한 장본인이기도 하다. 그가 '의고'를 다녀온 뒤 가장 기뻐한 사람은 다름 아닌 그의 어머니였다.

"이니, 회사를 보냈더니 제대로 된 사람을 만들어주네!"

　귀하게 키워 공부만 하면 자기 역할은 끝이라 생각했던 그가 어느 날 갑자기 빗자루를 들고 집안일을 거들더니, 평소 안 하던 '고마워요', '사랑합니다'라는 말까지 해서 모친을 감동시키더라는 것이다. 회사에서도 자기 일만이 아니라 주변 동료들을 챙기고 항상 전체를 생각하는 '품 넓은' 사람으로 변했다.

　그는 성격상 교육 자체가 힘들지는 않았다고 한다. 웬만한 건 다 자신이 있었다. 합격 도장도 남들보다 먼저 받았고 거의 1등으로 수료하는 게 당연한 상황이었다. 그런데 마지막 순간 그는 갑자기 심사대를 스스로 내려오고 말았다. 불현듯 '내가 과연 가장 잘 하는 사람 맞나? 그럴 자격이 있나?'라는 생각이 들었다고 한다. 자기보다 나이가 많은 분들이 땀을 흘려가며 연습하고 또 연습하는 모습을 보면서 뭔가 '진짜 최선'을 다하며 살았는가에 대한 자기 반성이 되더라는 것이다. 특강 시간에 들었던 '인생, 삶, 일, 꿈'에 대한 의미를 천천히 되새겨 보았다. 왜 사는지, 어떻게 살아야 하는지에 대한 근본적인 질문을 스스로에게 던지고 그 답을 찾고자 했다. 스스로의 모습을 돌아보는 삶의 성찰이다. 그리고 뭔가 마음속의 문 하나가 다시 열리는 경험을 했다.

"자기 자신을 내려놓는 시간이라고 하는데, 처음에는 이해가 안 갔는데, 지금은 그게 무슨 얘긴지를 알게 되었어요. 평소 느껴보지 못한 자각의 경험이었죠. 거기서는 제가 생각하고 일하고 꿈꾸는 모든 것의 진정한 이유, 그간 회피하고 싶었던 잘못된 관성과 부족함에 대해 숨김없이 마주할 수밖에 없더라고요."

평소라면 접해 볼 수 없는 극한의 상황에 스스로를 던져 넣었을 때, 도전하고 뛰어넘어야 할 과제들을 수행하며 5일의 과정을 거치면서, 직원들은 스스로에 대한 놀라운 발견과 삶에 대한 깊은 성찰을 하게 되었다. 그리하여 버려야 할 것과 지향해야 할 목표를 다시금 뚜렷이 각인함으로써 '거듭남'의 기적을 맛보게 된 것이다.

류은상 사장은 교육을 다녀온 직원들은 모두 눈빛부터 달라진다고 한다. 주어진 과제를 겨우 채우는 데 급급하던 직원들이 이제는 스스로 일을 찾아서 하는 사람들로 변하더라는 것이다. 아직은 역사가 짧은 회사이기에 사장 혼자서 다 채울 수 없는 빈 곳을 직원들이 자발적으로 채우고 뛰어주는 모습에 사장은 진심으로 고마운 마음이었다.

2007년에 벤처기업으로 인증을 받은 이래 회사가 신속하게 안정적인 시스템을 구축하고 공작기계 관리업계에서 당당한 존재감을 드러낼 만큼 성장한 것도 이런 능동적이고 열정적인 분위기가 큰 동력이 되었다고 말한다. 이들은 최고의 기술력으로 수입에 의존하고 있는 공작기계 관련 핵심부품의 국산화 개발에 성공함으로써 고객사들의 제조원가 절감에도 크게 기여하고 있다는 자부심을 가지고 있다.

남자가 눈물을 흘릴 때

직원들은 모두 자기만이 간직하는 '의고의 추억'이 있다. 살면서 절대 잊을 수 없는 느낌과 힘들 때 자기를 일으켜 세우고 다시 시작할 수 있는 근본적 시작점이 그 추억의 한가운데 있는 것이다.

"아직도 기억이 생생해요. 제가 2011년 2월에 들어갔었는데, 한겨울이었는데도 정말 추운 줄도 모르고 그렇게 많은 땀을 흘리게 될 줄은 몰랐죠."

김준형 차장은 교육에 들어가기 전에 선배들이 잔뜩 겁을 주더라고 했다.

"넌 이제 죽었다!"

"궁금해? 말해줘? 에이, 지금 말해준다고 뭘 알겠어. 가보면 알게 돼."

"아마 눈물깨나 쏟을 거다. 거기서 안 울고 나온 사람은 거의 없으니까."

'울기까지? 아니 왜? 설마 과장이겠지.'

어리둥절하고 있는 김 차장에게 선배들은 '족보'를 건네준다. 거기서 이걸 다 암기해야만 하니 먼저 보려면 보고 가라고. "하지만 그게 그렇게 큰 도움은 안 될 거야"라는 말까지 덧붙인다. 무슨 학교 시험도 아니고, 회사 생활에서 이런 족보까지 도는 상황이 얼핏 이해가 되지는 않았지만, 그래도 선배들이 쥐어 준 복사물을 열심히 보기는 했다. 혹시라도 실격이 되어서 혼자만 늦게 나오면 안 되기 때문이다. 하지만 아무리 봐도 이걸 왜 외워야 하는지는 도무지 알 수 없었다. 그냥 들어가서 부딪쳐 보는 수밖에.

들어가는 순간부터 그곳은 딴 세상이었다. 무슨 군대도 아니고 '안, 녕, 하십니까?' 하는 우렁찬 인사는 뭐며, 90도로 허리를 꺾는 인사법이 영 와 닿지도 않았다.

'뭐야? 왜 이런 걸 해야 하는 거지?'

그러나 그게 다가 아니다. 그가 만나는 상황은 모두 '멘붕'의 연속이었다. 처절하게 소리 지르고 목소리가 쉬어 갈 즈음에서야 조금씩 이해가 되기 시작했다. 무엇을 상상하든 그 이상일 거라는 말이 실감되고 있었다.

거기 들어가는 사람이라면 한 번쯤은 도망치고 싶은 욕구를 느끼게 된다. 그 낯선 환경과 반드시 수료해야 하는 과정들에 대한 부담감 때문이다. 때로 정말로 퇴소를 하는 사람도 있기는 했다. 아무도 잡지는 않는다. 모든 선택은 본인 스스로의 의지에 달린 것이기 때문이다. 그렇다고 나갈 수는 없다. 여기서 이대로 나간다는 건 회사 생활을 접을 각오까지 해야 하는 일이다. 이 회사에서는 6개월 인턴 기간 이후 정직원으로서의 마지막 관문이었다.

그 고된 과정을 견디지 못하고 스스로 퇴소해 나가거나 끝내 수료를 하지 못한 채 돌아간 사람도 없지 않다. 지금까지 두 사람이 그랬다. 그들은 사장의 권유로 재입소해서 마지막 도장까지 다 받고 돌아왔다고 한다.

"우리 직원으로 계속 갈지 그렇지 않을지 하는 문제와는 무관하게, 한 번쯤은 자기를 이겨내는 경험을 갖게 하고 싶었습니다. 다시 갔다 와서도 그만

둔 친구가 있지만, '의고'를 다녀온 경험은 아마도 그 친구의 이후 삶에 힘이 되었을 거라고 생각합니다."

사장이 굳이 무리해서라도 중간 퇴소자를 올려 보낸 이유다. 사장으로서, 또한 인생 선배로서 '의고'를 통해 삶의 성찰을 경험하는 것은 무조건 필요하다는 소신이 있었다. 그만큼 '의고' 과정을 체험하는 일에 대한 사장의 확신은 매우 견고했다.

김 차장은 '어떻게든 수료만!'을 목표로 교육 과정에 임했다. 어차피 시간은 흐르고, 합격 도장은 필요한 것이었다. 그런데 도장이 하나둘 늘어갈수록 조금씩 변하고 있는 자기 모습에 놀랄 수밖에 없었다. 선배들이 말하는 '해보면 알 거야'란 의미를 이해할 수 있을 것 같았다. 그저 놀리자는 말이 아니라 정말로 해보지 않으면 도저히 이해하거나 표현할 수조차 없는 마음의 변화들이 실제로 일어나고 있었다.

본인의 소심한 성격, 마음속의 이야기를 쉽게 표현하지 못하는 평소의 모습들을 하나하나 돌아보게 되었다. 그리고 무엇을 변화시켜야 할지에 대한 답을 스스로 찾고 있었다. 마침내 마지막 발표의 순간이 왔다. 나 자신의 현재 모습, 바로잡아야 할 잘못된 습관, 미래에 대한 다짐을 하는 동안 자신도 모르게 가슴이 뜨거워지면서 눈물이 흐르고 있었다. 전혀 의도하지 않은 상황이 당황스럽지만 어쩔 수 없었다. 그렇게 눈물을 쏟아내고 난 후에는 오히려 후련하면서도 고요한 평정심의 상태가 되어 있었다.

남자가 눈물을 흘린다는 건, 적어도 우리의 상식으로 생각할 때 보통 일이 아니다. 흔히 말하지 않던가. 남자가 눈물을 흘리는 건 태어날 때와 부모님이 돌아가셨을 때와 나라가 망했을 때, 세 번 뿐이라고. 그 세 가지에 해당되지 않으면서도 눈물이 흘렀다. 그것도 남들 앞에서, 살짝 눈물을 비치는 정도가 아니라 온 얼굴이 젖을 만큼 철철 흘리는 눈물은 이제껏 그에게 한 번도 없었던 일이다.

그 이유는 한마디로 설명하기는 어렵다. 그저 바닥 끝까지 내려가 자신의 본 모습을 마주한 순간의 뭉클함이었다고 표현할 수밖에. 수많은 의미로 채워지는 특별한 순간이었다. 그리고 이전과는 조금 달라진 자기 자신을 느낄 수 있었다.

"좀더 단단해졌다고나 할까요? 웬만한 어려움 같은 건 다 이겨낼 수 있는 자신감이 생겼어요. 전에는 자신 없는 일은 미리 포기하고 피하려고 했는데, 이제는 할 수 있다, 해 보자는 생각이 먼저 들죠."

교육원에서 돌아오면 사람들은 유독 아내와 자녀 등 가족에 대한 소중함을 느낀다고 했다. 그들이 얼마나 소중한 존재들인지 절실하게 느낄 수 있었기 때문이다. 더불어 일에 대한 생각도 많이 달라진다. 어쩔 수 없어서 하는 일이 아니라 스스로 원해서 하는 일, 목표가 분명하고 자기 역할이 무엇인지를 알고 하는 일이라면 그래도 행복할 것 같은 기분이 드는 것이다.

"무엇이 변했는지 확실히 말하라면 좀 애매한 점이 있기는 한데, 한 가지 분명한 건 '일이 되게 하는 고민'을 하게 된 겁니다. 입사 초기에는 문제가 생기면 회피하기 급급했던 것 같아요. 내 책임이 아닌 것처럼. 의기소침해지기도 하고. 하지만 이젠 그렇게 안 하죠. 달려들어서 끝장을 보려고 합니다."

인이 제대로 안 돼 사상이 후통이라도 치면 회사 분위기는 삽시간에 얼어

붙기 마련인데, 이제는 그저 '쫄지만은' 않는다고 한다. 위축되어 구석에 가서 고민하는 사람은 아직 회사에 익숙하지 않은 신입직원들뿐이다. 대부분의 '마패 소유자들'은 모여서 의논하고 대책을 만들어 낸다.

"사장님 목소리가 엄청나기는 하죠. 하지만 저희도 만만치는 않거든요. 하하하!"

'의고'에서 단련된 우렁찬 목소리의 경험이 모든 나약함과 불안을 날려버렸는지, 직원들은 문제에 대해 적극적으로 고민하고 대안을 제시하는 사람들로 바뀌어 있었다.

사장은 직원들의 이런 근성이야말로 자신이 바라고 원하는 거였다며 크게 웃는다.

"그러라고 '의고' 보낸 거예요. 깨질 때 깨지더라도 자기 의지로 밀어붙이는 기백이 있어야 되니까. 우리 직원들은 그거 하나는 확실하게 된 거 같아요."

회사 창업 때부터 지금까지 모든 직원들을 예외 없이 '의고'로 보내고 있는 사장의 기대는, 구성원들 개개인이 열정을 갖도록 하는 것이다. 또한 무엇이든 할 수 있다는 도전정신을 갖게 되는 것이다. 맹목적이고 기계적인 직장 생활을 넘어 일 속에서 보람과 만족을 느낄 줄 아는 직원들이 되기를 바라는 마음인 것이다.

주체적이고 능동적인 개인들이 만들어 가는 조직이어야만이 세상을 향한 더 큰 꿈을 꿀 수 있고, 그 꿈을 이루기 위한 에너지가 만들어질 수 있다. 사람으로서 뜨거운 눈물을 쏟을 수도 있는 진한 경험을 공유한 회사는, 그래서 처음보다 지금 더 큰 꿈을 키워 가며 서로에 대해 감사할 수 있게 된 것이다.

빛바랜 편지를 꺼내 보다

전 직원들의 노력의 결과, 회사는 이제 성장과 도약의 시기를 관통하고 있는 중이다. 안팎으로 업그레이드되는 회사 분위기는 자연히 업무 효율과 성과로 이어져서, 2009년 클린사업장 인증을 비롯하여 중소기업청 구매조건부 신기술 개발 부문에도 선정되었다. 안정적인 시스템을 구축하는 한편 ISO 9001 인증, ISO 14001 인증, KOSHA 18001 인증, 유럽안전인증 CE Mark 획득 등의 성과도 이뤄냈다.

사장은 '의고' 수료증이 두 개나 된다. 1991년 타 회사의 직원이었을 때 받은 수료증과 최근 '의고 단기 과정'을 마치고 난 수료증이다. 그는 이것만으로도 직원들에게 큰소리칠 만한 이유가 되지 않겠냐며 크게 웃는다. 말로만 지시하지 않고 리더가 먼저 솔선수범하는 분위기를 만들고 있기 때문이다.

사장은 공작기계 정비부터 안전장비 개발에 이르기까지 국내에서는 손꼽히는 공작기계 전문가로 정평이 나 있는 만큼 자신이 걸어온 과정에서 보고 듣고 깨달은 모든 가치를 직원들과 함께 나누고자 하는 의지가 강하다. 의식고도화를 통한 직원 교육에 공을 들이는 것도 마찬가지 이유다.

"이따금 업무를 하다 생각이 막히거나 답답할 때면 이걸 꺼내서 읽어봅니다. 우리 회사의 7년 역사가 이 속에 다 있어요."

그가 회사의 보물 1호라며 묵직한 파일을 꺼내 보인다. '의고' 과정에서 직원들이 사장에게 써서 보낸 편지들이다. 한 장 한 장 깨알 같은 글씨로 적어 내려간 마음들이 볼 때마다 새롭고 감동적이다. 사장과 직원 사이에 이보다 더 깊이 있는 교감이 또 있을까 하는 생각이 든다.

편지를 통해 마음을 터놓고 대화를 할 수 있었던 것도 조직을 운영하는 데 있어 상당한 역할을 했다고 믿는다. 서로에 대한 깊은 이해와 신뢰의 바탕을 이룰 수 있었다. 인생 선배로서 해 주고 싶은 말을 자연스럽게 전하기도 하고, 직장 상사인 동시에 든든한 선배를 대하는 마음으로 직원들은 의지할 수 있게 되었다.

또한 서로의 꿈을 키워 가는 대화의 장이기도 했다. 업무와 연계된 내용 이외에 각자가 품고 있는 성장의 목표를 확인하고 서로 도울 수 있는 사이가 될 수 있었던 것이다.

"조만간 이걸 책으로 묶을 생각입니다. 회사의 과거와 현재, 그리고 미래를 책으로 간직할 수 있도록 말입니다."

요즘은 이메일로 편지를 받아보는데, 예전 손글씨로 하던 때만큼은 아니어도 그 안에 담겨져 있는 직원들의 생각들을 하나도 놓치지 않으려 노력하고 있다고 했다. 직원들의 편지를 소중하게 여기는 마음과 마찬가지로 직원들 역시 교육 과정에서 받게 되는 사장이나 동료들의 격려 메시지를 간직하고 있다고 한다. 더러는 코팅까지 해서 책상에 붙여 둔 직원도 있다. 오래도록 잊지 않으려는 마음이다. 이런 인간적이고 따뜻한 교류가 가능하다는 것에 서로 감사한다.

뭔가에 제대로 미칠 수 있는 당신이 갑!

'의고'에 들어갔던 신입 직원들이 돌아왔다. 이들을 환영하기 위한 조촐한 환영회가 마련되었다. 긴급한 업무 처리를 해야 하는 직원들을 제외한 모든 직원들이 한 자리에 모였다.

제대로 소리도 안 나오는 목소리로 "반, 갑, 습니다!"를 외치는 직원들을 향한 박수가 뜨겁게 터져 나온다. 박 대리는 잊지 않고 피자를 한 판 준비했고, 은숙 씨는 누구보다 맛있게 피자 한 조각의 행복을 만끽했다.

첫째 날의 멘붕과, 둘째 날과 셋째 날 도장을 받던 기분, 그리고 마지막 날 예외 없이 울컥하던 다짐의 시간을 얘기하는 신입들은 '의고'의 군기(?)가 살아 있는 모습이 역력하다. 이미 다녀온 사람들은 짐짓 여유 있는 미소를 지으며 새 직원들을 격려한다.

"아마 그랬을 끼다."

"그랬겠지, 힘들었겠지. 암만!"

7년째 비슷하게 이어지는 레퍼토리에 추임새도 비슷하다. 하지만 이런 분위기는 결코 진부하지도 뻔하지도 않게 즐거운 대화의 장이 되고는 한다. 다녀온 지 얼마 안 된 직원들일수록 자신이 다녀왔을 때의 '무용담'을 되새기며 시끌벅적한 즐거움을 나눈다. 새로운 직원들을 축하하는 김에 사장은 회사의 전통으로 이어져 오고 있는 '의고'에 대해서 어떤 정의를 내릴 수 있는지를 물었다.

"'의고'는 무대다! 왜냐하면, 악을 써가며 내면을 보여주는 일은 부끄럽지만, 일단 그렇게 하고 나면 마음이 열리고 진정성 있는 내 모습을 보여줄 수 있게 되니까요. 사실 제가 꽤나 내성적인 편이었는데, 그런 '무대 경험'을 하고 난 후에 많이 달라질 수 있었거든요."

"우 와···!"

심 부장의 멋진 정의에 직원들은 박수를 치며 고개를 끄덕인다.

"'의고'는 고등학교다! 왜? 개인적으로는 고등학교 때 인생 사는 법에 대해 진지한 고민이 시작되고 배움도 컸던 것 같거든요. 그런데 '의고'도 그런 것 같더라고요. 사람을 사귀는 법부터, 일하는 자세, 공부하는 태도 같은 걸 새로 배울 수 있게 되니 말입니다."

김 차장의 이어진 답이다. 이번에도 역시 박수가 터졌다. 그게 무슨 뜻인지 다들 알겠다는 표정으로 공감하는 분위기다.

"난 말이지, 이렇게 말하고 싶네. '의고'는 미친 짓이다!"

진저리 치는 표정까지 지으며 '미친 짓'이라 말하는 류 사장의 모습에 직

원들은 "와아~"하고 폭소를 터뜨린다. 이거야말로 가장 확실하고 동의해 마지않는 표현 아닌가! 일부 젊은 직원들은 기립 박수까지 치며 열광적으로 환호했다.

"아, 그렇게 인사하고 소리 지르고 눈물 콧물 흘리는데 다 미친놈이라 그러지. 하지만 한번은 그렇게 미쳐 봐야 하는 거야. 아주 세게, 세상 사는 이유에 대해 부딪쳐 보는 거지."

류 사장은 "미치되, 제대로 미쳤었기 때문에 우리가 이나마 정신 차리고 사는 것"이라고 했다. 여기저기서 직원들의 감탄이 쏟아진다.

"우리 사장님, 최고!"

"맞아요, 우리 다 미쳤었어요!"

"하하하하!"

같이 일하고 같이 살아가는 관계의 따뜻한 감동이란 바로 이런 게 아닐까. 새로운 직원의 '의고' 수료를 축하하는 자리에서 사람들은 본인들이 경험한 벅차고 뜨거웠던 경험과 그 의미를 다시 한 번 떠올리고 있었다.

즐거운 시간이 열릴 것이다

류은상 사장은 이따금 오래 근무한 직원들과 대화를 할 때 은근슬쩍 '의고 재교육' 카드를 내밀어 놀라게 할 때가 있다. 오랫동안 호흡을 맞춰 온 관계의 친밀함이 있으니, 그게 진담인지 아닌지 정도는 충분히 느낄 수 있다. 그러나 류 사장 본인이 '의고'를 두 번이나 수료한 장본인이다 보니, 혹시나 현실이 될지도 모른다는 불안 아니 불안도 있다.

"에이~ 사장님. 거길 한 번 가지 두 번이나 어떻게 갑니까! 농담도 참. 허허허. 전 그럼 바빠서 이만…."

대개는 그렇게 꽁무니를 빼기 일쑤다. 행여 '말려들까' 두려운 것이다. 그런가 하면, "관리팀 ○○말이야. 요즘 아무래도 '의고 약발'이 떨어진 거 같지 않아? A/S차원에서 다시 한 번 보내볼까?"하며 물어올 때도 있다.

아닌 게 아니라 '의고'를 다녀오고 1~2년이 지나면 은근히 '약발 떨어지는' 현상들이 나타나기는 한다. 사장은 다른 누구보다 본인이 그걸 제일 잘 안다고 했다. 일을 대할 때의 자기 마음과 의욕의 정도에서 어느 정도 '감 떨어지는' 느낌이 오는 것이다.

"그건 당연한 거예요. 사람이니까, 살다 보면 지치기도 하고 무뎌지기도 하지. 그럴 땐 잠깐 한숨 한 번 돌리고 원점이 어디였나 하는 것만 다시 생각하면 돼요. '의고' 경험은 한 번 몸속에 형성된 DNA 같은 겁니다. 이따금 그 효과가 휘발되는 것 같아도, 사라지지는 않거든요."

워낙 강렬한 경험이었기 때문에 어려움에 부딪칠 때, 처음 겪어 보는 새로운 상황이라도 사람들은 스스로가 뭘 어떻게 해야 하는지에 대한 판단과 결정의 원리를 언제든 다시 작동시킬 수 있는 것이다.

'의고'를 통해 이룬 교육의 효과는 지금까지의 회사 운영 과정에서 상당한 성과를 발휘했다. 그 힘으로 회사는 7년의 성장을 이어오며 또 다른 비전을 가질 수 있게 되었다.

"지금부터가 진짜 시작이라고 생각해요. 지금까지 제대로 뛰기 위한 워밍업을 한 거라면, 이젠 진짜 제대로 무대를 누비는 도전이 시작될 때입니다."

꾸준히 상승 곡선을 올리던 매출이 최근 주춤하고 있는 것은 다른 기업들도 마찬가지로 겪고 있는 객관적인 어려움이기도 하지만, 이 상황을 뚫고 나가기 위해서라도 '준비된 핵심 역량'이 그 어느 때보다 절실한 시점에 도달했음을 이들은 모두 함께 느끼고 있다.

그나마 매출의 증감에 따라 직원들의 사기가 일희일비하지 않는 것에 대해 류 사장은 만족하고 있었다. 직원들 사이에 공유되고 있는 '의고정신'의 결과라고 믿는다. 어려운 상황에 무력해지지 않고 새로운 에너지와 지혜를 발휘할 수 있게 된 것이다.

사장이 두 번째로 '의고 단기 과정'을 다녀온 것은 회사를 이끄는 책임자로서의 자기 각오를 다시 한 번 환기하고 싶은 의지가 있었을 뿐, 모든 직원들에게 똑같은 권유를 할 생각은 없었다. 회사를 경영하는 책임자로서, 그리고 인생에 대한 리프레시를 위해서 결정한 일이다.

지금은 일에 대한 탄탄한 열정에 더해 진짜 전문가적인 역량이 필요한 때다. 지금까지 쌓아 올린 신뢰와 경험을 발판으로 글로벌 무대를 향한 도전을 계속해 나가자고 힘주어 강조한다.

"우리는 모두 꿈이 있는 사람들입니다. 국내 시장을 넘어 세계 시장을 향해서도 당당한 실력을 입증해 보여야 해요. 다들 준비됐지요?"

크고 작은 어려움을 함께 극복하고 회사를 키워 왔던 근성으로, 이들은 지금보다 더 즐겁고 희망적인 미래를 열어가기를 다짐하고 있다.

Story 3

책임과 정직으로
장사의 신(神)이 된 사람들
(주)크레텍책임

여러분, 최선을 다하셨습니까?

"한 해 동안 정말 고생들 많았지요? 고맙습니다."

느린 듯 차분하게 이어지는 음성, 한 사람 한 사람의 눈을 맞추며 잔잔하게 웃음 짓는 표정으로 최영수 대표가 정중히 고개를 숙여 인사하고 있다.

"올해도 여러분의 노력 덕분에 회사는 많은 어려움을 이기고 더 큰 희망을 꿈꾸게 되었습니다. 좋은 일이 있었다면 여러분 모두가 잘한 덕분이고, 혹시 부족한 부분이 있었다면 그건 더 열심히 일해야 할 목표가 생긴 거라 생각했으면 합니다."

최 대표는 공구 유통업 국내 1위 업체로 확고히 자리매김을 한 회사의 성장과 앞으로 세계 시장 진출에 대비한 도전을 다짐하는 것으로 송년의 밤

축사를 마쳤다. 축배의 함성이 행사장을 쩌렁쩌렁 울린다. 맛있는 음식과 화기애애한 대화가 테이블마다 풍성하다. 복잡한 업무, 매출에 대한 긴장, 부서원들 상호 인간관계 등 이런저런 사연들을 오늘만큼은 모두 내려놓고 환하게 웃을 수 있다.

잔마다 가득 채워진 맥주 거품이 오늘따라 유난히 부드럽고 시원하게 보인다. 쭈욱 마시고 난 후 후련하게 내뱉는 숨소리 끝에 테이블마다 이야기꽃이 피었다.

"어려운 일도 어떻게든 다 마무리가 되고, 지나고 나면 배움이 되는 것 같아요. 안 그래요?"

지난 한 해를 그야말로 다사다난하게 보냈다고 말하며 한 직원이 동료들의 잔을 채웠다.

"아무렴, 그렇고말고."

직원들이 맞장구친다.

"장가가서 애도 낳고, 승진도 하고, 그렇게 다사다난한 거는 내가 하고 싶었는데. 하하하!"

들어온 지 몇 달 안 된 여직원의 풋풋한 한마디도 있었다.

"선배님들 덕분에 잘 적응할 수 있었어요. 이제야 회사 생활에 대해 뭔가 좀 알 수 있을 것 같은 기분이에요. 감사드립니다."

"그래그래, 그동안 고생 많았어. 하지만 중요한 게 아직 하나 있지, 아마?"

윤지영 차상은 자녀보다 몇 개월 앞서 들어온 다른 팀원을 향해 눈을 찡긋

해 보이며 싱글싱글 웃었다.

"아직 모르는구나. 진정한 시작은 거길 다녀와야 되는 거야. 이름하여 의. 식. 고. 도. 화! 흐흐흐, 아마 봄 되기 전에 일정 잡힐 테니, 기대해."

쑥스럽게 웃는 여직원의 모습을 보며 사람들은 그녀를 위한 "위하여!"를 외쳤다. 자신들도 거쳤던 새내기 시절의 풋풋함이 부럽다고도 했다.

조금씩 분위기가 익어가는 사이 부서별 장기 자랑이 시작된다는 사회자의 안내가 있었다. 낮부터 젊은 직원들 중심으로 소품을 챙긴다, 연습을 한다, 부산하더니 오늘은 또 어떤 기발한 모습으로 직원들의 즐거움을 북돋울지 기대가 된다.

어떤 팀은 팀원 전원이 떼로 몰려나와 요즘 뜬다는 아이돌 가수를 흉내 내고, 어떤 부서는 특이한 마임을 선보이기도 했다. 평소 얌전해 보이던 한 직원이 숨겨진 끼를 발산하며 춤과 노래 솜씨를 뽐내니 좌중은 열광의 도가니가 되었다. "역시 송년의 밤은 이런 반전이 있어야 제 맛"이라며 모두들 즐거워한다.

다음 순서로 나온 팀은 두 사람의 남자 사원이다. 웃지도 않고, 사뭇 심각한 표정으로 허공을 응시하는 모습이 어딘가 심상치가 않다. 화려한 춤과 노래로 이어지던 신나는 흐름을 툭 끊어버린 이 칙칙함은 무얼까?

"으응? 뭐지, 저건?"

흰 셔츠에 감색 등산 조끼를 입은 두 사람은 탁자 하나를 사이에 두고 마주했다. 등받이에 허리를 기대고 꼿꼿이 앉아 있는 한 사람, 일어서서 엉거주춤 두 팔을 치켜 올린 한 사람, 어디선가 본 장면이었다.

"뭐야! 이거, 그거 아냐? 와, 대박!"

웅성웅성, 벌써부터 키득대기 시작하는 가운데 무대에서 느닷없는 절규가 터져 나왔다.

"최~~썬에 대해 말씀 드리겠습니다~으!"

"푸하하하하!"

포복절도하는 사람들. 웃다가 의자 채 벌렁 뒤로 넘어가는 사람도 보인다. 멋도 모르고 그냥 따라 웃다가 "저게 뭐래요?"하며 좌중을 두리번거리는 이들은 아직 들어온 지 얼마 안 된 수습사원들뿐. 사람들은 도저히 참을 수 없다는 듯 발을 구르며 일어서 열광하는 분위기다.

"그러면, 왜! 최~썬을 다하지 않는 겁니까으~~!"

비스듬히 몸을 틀고 다리를 굽힌 특유의 자세하며, 터질 듯 절규하는 소리하며, 핵심인재 의식고도화 과정 마지막 날의 심사를 상황극으로 꾸민 것이다. 실지 장면보다 더 과장되고, 그래서 더 우스꽝스럽고 기발하다. 저걸 소재로 들고 나왔다는 사실만으로도 일등은 따 놓은 당상이었다.

"불합격, 입니다!"

지도위원 역의 지나치도록 단호한 판정에 또 한 번 웃음보가 터져 나온다.

"에이, 귀여우니까 합격 줘라! 얼마나 더 해야 최선이란 말이냐으~!"

"아냐, 아냐. 좀 더 최선을 다해야겠다! 어디 그 정도 소리로 되겠냐아~?"

"여러분, 될 때까지, 끝까지 최~썬을 다하십시오!"

"도대체 이렇게 웃겨도 되는 겁니까?"

지켜보던 사원들까지 '이고시' 반성과 애션으로 아예 상황극 속으로 빠져들고 있었다. 어수선하지만 분위기는 절정으로 치닫고 있었다.

"고! 맙! 습니다!"

절도 있게 인사하며 들어가는 두 사원에게 이번 송년회 최고의 박수가 터져 나왔다. 사내 모든 사람들이 가지고 있는 의식고도화 교육의 진한 공감대 때문인가? 그 장면을 이렇게 다시 보고 있다는 것만으로도 다들 난리가 났다.

가슴속까지 후련하게 한바탕 웃고 나니 연회장의 분위기가 훨씬 밝아져 있다. 의식고도화 교육을 받을 때는 울면서 하던 것을 이제는 웃음으로 모두의 마음을 채우는 '최선'이라는 말.

한 해를 마무리하는 자리에 '최선'의 기억을 끌어온 건 아무리 봐도 재미와 의미, 두 마리 토끼를 다 잡는 아이디어였다. 일단 전 사원이 그렇게 하나가 되어 실컷 웃을 수 있었다는 것만으로도 최고의 송년 선물이 되고도 남으니 말이다. 연중 수시로 신입 직원들이 다녀오는 의식고도화 과정은 시시때때로 사내에서 화제가 되기도 하지만, 그 의미와 느낌을 또 이런 식으로 풀어 보는 것도 멋진 일이다.

특히나 지금은 성찰과 다짐이 필요한 시간. 의식고도화 과정이 직원들에게 결정적인 삶의 전환점을 만들어 주었듯이, 한 해를 마감하는 이 시간에는 다시 또 각자에게 의미 있는 순간이 되고 있다. 그것도 아주 유쾌한 방식으로. 서로 악수를 하고 등을 두드리며 수고했노라는 따뜻한 인사들이 오가는 밤. 각자의 집으로 돌아가는 마음들이 훈훈하다. 이제 새로운 해가 뜨면 또 하나의 시작이 열리는 새해다. 그 새로움을 맞이하기 위한 최고의 마무리는 무엇이어야 할까?

"최선을 다했는가?"

그것보다 지금 이 순간 가장 어울리는 최선의 질문은 없는 듯하다. 이 물음에 대한 대답을 안고, 모두들 또 다른 최선을 향해 달려갈 것이다.

우리는 '책임보장' 입니다

이들이 의식고도화 과정과 인연을 맺은 것도 어느 덧 27년째를 맞고 있다. 1971년 회사를 설립한 최영수 대표는 기업의 틀을 갖추기 시작한 1987년부터 다른 사람도 아닌 대표가 먼저 하겠다고 나섰다.

"직원 한 사람을 먼저 보냈어요. 어디 우리 직원들이 갈 만한 덴가 직접 가서 보라고. 그랬더니 와서는 그래요, 아주 좋다고. 우리 회사에 꼭 필요한 교육인 것 같다고. 그러고 나서 내가 두 번째로 갔지."

결코 녹록지 않은 과정이었다. 회사의 초창기인 데다, 경영 책임자로서 일주일이나 자리를 비워야 하는 부담이 컸다. 하지만 큰 맘 먹고 투자한 그 일주일간의 시간은 그 이상의 가치가 있었다.

"지금 생각해 보면, 암기가 가장 난관이었던 것 같네요, 하하. 도장 하나를 받는 게 그렇게 어려웠는데, 끝내 다 해냈을 때에는 회사를 책임지는 경영자로서 강한 자신감을 더할 수 있었습니다. '이런 식으로 우리 직원들도 강해질 수 있겠구나' 하는 확신도 생겼고요."

그것이 벌써 1987년도의 일이다. 의식고도화 과정이 시작된 지 얼마 안 된 시점이니, 회사의 역사와 의식고도화 교육의 역사는 얼추 비슷하게 온 것 같다며 환히 웃는다. 그는 그 후로도 '일반 과정'에 이어 '간부 과정'까지 추가로 참가했었다. 그만큼 몸소 체험한 교육의 성과가 컸기 때문이다.

지금은 공구 유통업계에서 독보적인 위치를 차지하고 있는 그들이지만, 당시만 해도 회사는 여러모로 부족한 것 투성이었다. 공구 유통은 대개 영세한 규모로 고만고만한 시장을 나눠 먹는 것이 고작이었다. 그것도 자기가 살고 있는 지역 기반을 넘어서지 못하니 성장의 한계도 뻔해 보였다. 이 업종에서 성공한 모델이 있는 것도 아니고, 조직적인 경험과 노하우도 부족했다. 게다가 지방 도시에서 출발하는 기업이다 보니 무엇보다 '인재'의 아쉬움이 컸다.

하지만 그가 생각하고 있는 사업 성공의 관건은 사람이었다. 책임감 강하고 믿을 수 있는 사람, 공구 유통업에서 뭔가 새로운 역사를 일으켜 보고 싶은 도전정신을 지닌 인재의 확보였다.

"조그만 회사에 처음부터 이미 핵심인재라고 할 사람들이 오진 않죠. 그러니 들어온 사람을 핵심인재로 키워야죠. 지금은 우리 직원 모두가 핵심인재라고 자부해도 될 정도가 됐습니다. 제각각 필요한 위치에서 자기 역할을 확실히 다하고, 그것을 발판으로 자신을 성장시켜 가는 사람들이예요."

최 대표는 회사의 기본 가치는 '책임지는 일'에서부터 시작한다고 말한다. 청년 시절 처음 공구를 취급하던 때부터 이어져 온 정신이다. 모두가 어렵고 가난하던 시절, 이 나라의 산업 발전이 아직 꽃피우기 이전의 사회 분위기는 '믿을 만한 장사꾼 하나를 기대하기 어려운 상황'이었다. 제대로 된 물건을 만들어 팔 기술도 아직은 부족하던 때였다.

도구를 이용하는 특성이 인류 문화를 발전시켜 왔다면, 도구의 진화는 창조적 생산력의 발전을 실현하는 중대한 요소다. 산업용 공구를 파는 사람으로서 그는 '믿고 찾는 사람이 되는 거야말로 성공할 수 있는 기본'이라 여겼다. 그가 파는 물건은 일하는 현장에서 반드시 요구되는 '쓸 만한 도구'여야 했다. 적어도 그 점만큼은 만족시켜야 하는 것이 기본이라고 생각했다.

그는 조그만 간판에 '책임보장'이라는 말을 적어 넣었다. 물건 값을 깎아주지는 못하지만 정품만을 쓰고, 약속 시간은 반드시 지킨다는 것. 그것이 그가 보장하는 책임의 내용과 원칙이었다. '책임지다'는 말에 책임지고자 노력했던 시절이었다. 그러나 어느 날 한 손님이 화를 내면서 사갔던 물건을 내던지는 사태가 벌어졌다.

"뭐가 책임이야? 이건 완전히 무책임하구만!"

버스 기사인 그 분은 차를 들어올리는 '잭'을 사갔었는데, 타이어 펑크가 나서 막상 써야 할 상황에서 잭이 제 기능을 못한다며 화를 냈던 것이다.

"아, 정말이지 그거만큼 무서운 말이 세상에 없더라고요."

고객이 원하는 품질을 보장하기 위한 노력, 자기 말에 책임을 지겠다는 자세는 그래서 그가 평생을 두고 키워온 이 회사의 가장 중요한 정신이 되었다. 최영수 대표는 자기 이름 석 자에 책임지는 사람이 되자고 스스로에게 다짐했다. 의식고도화 교육에서 강조하는 최선 정신과 일맥상통하는 것이기도 하다. 이것이 회사를 출범시킨 후 지금까지 직원들의 교육 과정으로 의식고도화를 선택한 중요한 배경이다.

"내가 생각하는 최선 정신은 '책임지는 정신'입니다. 자기 말과 약속에 책임지는 자세가 가장 중요합니다."

산업 공구 유통업이라는, 누구도 가려 하지 않던 분야에서 국내 1등 자리를 확고히 하기까지 40여 년이 걸렸다. 그 오랜 세월을 오직 최선을 다해 책임을 지겠다는 마음으로 한 걸음 한 걸음 성실한 발걸음을 옮긴 결과다. 10만여 종이나 되는 품목의 공구를 망라한 카탈로그를 제작하여 산업 발전의 선진화에도 기여했다. 국내 유통 분야 1호로 'ISO 9001' 인증을 받고, 바코드시스템을 도입해 전자주문, 결재 시스템을 완성했다. 처음엔 엄두가 나지 않는 방대한 과제를 하나 둘 성취해 갔다. 그동안 이들이 이룩한 것은 기업의 매출 증가만이 아니라, 한 분야에서 성공할 수 있는 하나의 모범적 사례를 창출해 냈다는 점에 있다. 무에서 유를 창조하는 일이었다.

최 대표는 '최고' 이전에 '최선'이라고 했다. 무작정 최고이기를 고집하기 전에 최선을 다하는 자세를 배워야 한다는 것이다. 자기가 할 수 있는 최대치를 보여주는 직원들이 많으면 많을수록 회사에 대한 고객의 신뢰와 가치는 높아간다. 지금껏 의식고도화 과정에 보내면서 그는 이 교육을 받기 전과 후가 뚜렷이 비교된다고 했다.

"사람이 강해져요. 힘들 때 이겨낼 수 있는 힘을 충전하는 과정이라고 생각해요."

'의고'를 다녀온 직원들에게서는 하나같이 '눈빛이 달라지는' 변화가 일어난다. 그는 이보다 더 확실한 변화의 힘이 어딨겠냐고 반문한다. 사람의 내면을 고스란히 비쳐주는 부분이 눈이기 때문이다. 눈에서 빛나는 자신감과 열정의 빛은 인위적으로 만들어 낼 수 있는 것이 아니다.

그동안 이 교육을 보냈다 탈락해서 돌아온 사람도 한두 명 있었다. 단지 교육 하나를 이수하지 못한 것뿐이라고 말할지도 모른다. 그러나 그런 사람이 돌아와 일하는 모습을 보면 왜 탈락했는지 이유를 금방 알 수 있게 된다.

의식고도화 과정은 특이하게도 일을 할 수 있는 사람인지 못 하는 사람인지를 구분하는 기준이 되었다. 사실상 이수하지 못하고 돌아와서 '의외'의 역량을 보여준 사람은 여태껏 한 사람도 없었다. 반대로 업무적으로나 사회적 성숙 면에서 채 여물지 못했던 사람이 교육을 받고 와서는 누구라도 인정받을 만한 핵심인재로 성장한 사례는 너무나 많았다.

"직원들의 정신력 강화와 행동을 변화시키는 교육으로서 의식고도화 과정은 '책임보장'을 해 주더군요. 제가 가장 마음에 드는 부분이 바로 그거였어요."

책임과 최선의 관계를 정확히 일치시키는 교육을 만났다는 사실에 최 대표는 반가움과 고마운 마음을 전한다.

강한 정신력과 따뜻한 배려의 기업문화

크레텍의 하루는 PT 체조로 시작된다. 대표를 포함한 전 직원이 한바탕 땀을 흘린 후에야 업무를 시작한다. 이것은 하루도 빠지지 않고 지속되는 이 회사의 문화다. 해외 출장일 때도 예외는 없다. 현지에서도 어김없이 아침 체조를 마치고 일을 시작하는 게 당연하게 여겨질 정도다.

"아침 체조를 하고 나면 정신이 확 듭니다. 몸이 깨어나고 정신이 맑은 상태에서 일을 시작하면 하루가 상쾌하고 활력이 생기는 걸 느낄 수 있거든요."

직원들 가운데는 이로 인해 규칙적인 생활 리듬과 건강까지 챙길 수 있다고 반기는 이도 있다. 그런데 이게 다가 아니다. 이것 말고도 정기적으로 전 직원이 참여하는 극기 훈련도 있는데, 신입 사원이라면 의식고도화 과정이 필수다. 업무 이외에 자기혁신을 위한 프로그램이 체계화, 일상화되어 있는 것이다.

이런 유별난 방침은 대표가 이 회사를 일궈 온 역사에서 출발하고 있다. 맨주먹으로 회사를 일구어 성공하기까지, 스스로를 넘어서는 최선의 노력이 뒷받침되었기에 이런 전통이 여전히 회사 경영의 기반으로 작용하고 있다.

가난했던 청년 시절, 최 대표의 공구 사업은 한 대의 자전거로 시작됐다. 자전거 한 대에 284kg이나 되는 공구들을 싣고 다니며 행상에 나섰는데, 몸 무게 65kg인 20대 청년에게는 고된 삶의 무게였다. 그러나 그는 꿈이 있었다. '이 일로 반드시 한국 최고가 되겠다'는.

그는 장거리 시외버스 기사에게 공구를 팔고 고철을 받아왔다. 자동차 정비에 필요한 공구, 베어링 등의 고철을 잘 닦아 손질해 되파는 식이다. 점점 '책임보증'의 소문이 나고 신용이 쌓이면서 1975년엔 공구 납품업, 1980년에는 도매업으로 확장하더니, 1987년 현재의 공구 유통 전문기업을 탄생시키기에 이르렀다. 자신의 두 발로 자전거 페달을 밟으며 한 걸음 한 걸음 정직하게 이른 길이다.

정신무장, 자기혁신, 책임의식을 강조하는 분위기는 얼핏 보통의 직장인이 느끼기에 지나쳐 보이기도 한다. 직원들 가운데도 이런 분위기를 힘겨워하는 사람도 있었다. 그러나 막상 직접 참여해 보면, 자기를 이기는 일의 진정한 가치가 무엇인지를 깨닫게 된다.

아무것도 없이 맨손으로 기업을 일으켜 최고의 자리에 오르기까지 '정신력'의 힘이 큰 동력이었음을 절실히 느낄 수 있어 새삼 존경의 마음마저 일어나게 된다. 그 힘이 바로 이전 세대가 이룬 경제 성장의 근간이었다는 것을 이해하게 되고, 그것은 현재까지도 여전히 적용되는 삶의 원리라는 걸 깨닫게 되는 것이다. 특히 의식고도화 과정에 들어갔을 때 직원들은 이런 회사 방침의 이유와 가치에 대해 더욱 확고한 인식을 하게 된다.

그렇더라도 회사가 밤낮 정신무장만 강조한다면 정신적 피로감 역시 높아질 수밖에 없다. 늘 딱딱하고 경직된 분위기 일색이라면 제아무리 회사가 잘 나가도 구성원들은 쉽게 지치게 된다. 그러나 이들 사이에서는 밀어붙이는 힘이 강조되는 한편, 서로를 챙기고 돌보는 살뜰한 정(情)이 조직을 이끄는 한 축을 이루고 있다.

"대표님은 출장을 갔다가도 뭔가 맛있다 싶으면 직원들 수만큼 사오세요. 좋은 걸 먹을 때 식구 생각나듯 모두에게 맛보게 해 주고 싶으신 거죠."

홍보팀 서상희 팀장은 경영진의 이런 작은 배려들이 직원들의 사기를 진작시키고 자부심을 높이는 데 큰 역할을 한다고 했다. 달콤한 사탕 하나, 구수한 쌀 과자를 나눠 먹으며 느끼는 소박한 즐거움은 업무로 인한 피로와 긴장감을 잠시나마 풀어주는 역할을 한다. 5만 원짜리 신권이 처음 나왔을 때는 전 직원에게 한 장씩을 선물하는 깜짝 이벤트도 있었다.

"금액이 문제가 아니라, 기분 문제입니다. 빳빳한 새 돈을 용돈으로 받는 기분 좋은 경험이었죠."

새로운 기업 환경에 대한 풍부한 학습을 독려하는 특강 유치, 해병대 병영체험, 의식고도화 교육 등은 직원들의 올바른 성장과 자기계발을 가능케 하는 회사의 배려임을 직원들은 느끼고 있으며, 일에 대한 집중력과 성과는 그만큼 늘어나고 있다.

자기를 이길 수 있는 사람만이 위기를 극복한다

직장인 교육에 대한 트렌드는 시시각각 달라지고 있지만, 회사의 의식고도화 과정에 대한 신뢰는 더 단단해지고 있다. 회사의 발전 과정 내내 확인되는 교육의 효과가 가장 큰 믿음의 근거다.

"의식고도화 교육에 들어갈 때 직원들 반응은, 그리 좋아하는 분위기는 아니지요. 당연합니다. 정해진 틀 속에서 뭔가 자기를 바꿔야 하는 과제가 그렇게 쉬운 것도 아니고, 아마 회사에서 의무적으로 시키는 게 아니라 선택할 수 있게 했다면 대부분 안 가고 싶을 거예요."

하지만 일단 다녀온 후의 반응은 완전히 다르다. 그곳에서 보낸 일주일로 인해 인생이 터닝 포인트를 경험하고 오는 것이다. 오히려 그런 귀중한 체험의 기회를 만들어 준 대표에게 감사한다는 말을 한다.

교육 기간 중 대표에게 보내는 편지는 그가 지금까지 빼놓지 않고 챙기는 일이다. 조직의 구성원이 된 사람들의 변화과정을 실감하는 즐거움을 주고, 직원들과 막힘없는 소통을 하게 되는 가장 인간적인 실마리가 된다. 천편 일률적일 것 같지만 사람마다 독특한 개성과 매력이 그 속에서 발견되기도 한다.

직원들이 교육을 통해 얻게 되는 긍정적인 변화들은 '자기를 극복하는 경험'이 있었기에 가능하다. 모두들 '나의 문제점과 한계'를 발견함으로써 '나의 가능성'을 찾는 방향으로 나간다. 처음엔 안 될 것 같지만, 의식고도 화는 할 수 있었다는 걸 느끼게 된다.

두려움을 이겨내고 뛰어내렸던 용기와 이전까지 시도해 보지 않은 체험 들 속에서 자기도 몰랐던 에너지를 찾아내는 것이다. 칠흑 같은 밤길을 더 듬어 산을 타는 것은 군대 시절 외에는 일반적으로 닥치는 상황이 아니다. 그러나 의식고도화 교육에서는 닥치지 않을 것 같았던 상황에 직면하기도 하고, 그 속에서 목적지까지 가기 위한 모든 방법을 강구하게 된다. 낙오하 지 않으려면 어떻게든 자기의 두 발로 걷고, 자기의 머리로 판단해야 한다.

이것을 해본 사람과 해보지 않은 사람의 차이는 회사 생활에서 어떻게든 드러나게 되어 있다. 자기를 넘어서는 경험의 귀중함은 실제로 회사 생활 에서 만나는 어려움을 이겨내는 힘으로 전환되기 때문이다.

모든 기업들에게 최대의 위기상황으로 기억되는 그 어려운 IMF 때도 회사는 무난하게 성장을 지속할 수 있었는데, 그 이면에는 악착같이 살아남으려는 직원들의 근성이 뒷받침되어 있었기 때문이다.

"사실상 위기란 한두 번으로 그치지 않아요. 생각해 보면 대략 4~5년 주기로 되풀이해서 다가오는 것 같습니다. 어떤 결론이 나오느냐는 내외적인 여러 변수들이 작용하게 되는데, 내적인 역량이 튼실한 기업일수록 위기에 더욱 강한 습성을 보입니다. 아니, 위기를 통해 더욱 강해지고, 더욱 경쟁력 있는 기업으로서 살아남게 되지요."

최 대표는 언젠가 의식고도화 과정에 참여했던 직원들의 기억이 떠올랐다. 한겨울에 야간산행을 하던 중 함께 했던 일행 가운데 일부가 조난당하는 사태가 벌어졌다. 사실 아주 험악한 첩첩산중도 아니었고 도시 인근의 산길이어서 그렇게 절박한 상황이라고 볼 수는 없었던 것 같은데, 어두운 밤에 길을 잃으니 겁을 먹었던 모양이다. 미친 듯이 산을 내려와 경찰에 조난신고를 하고 언론에 제보까지 하는 해프닝이 벌어졌다. 나중에 들어보니, 조난됐다고 생각했던 사람들은 사실상 산행의 원칙과 조직 행동의 수칙을 지키지 않은 것이 문제의 원인이라고 했다.

"그 와중에도 우리 직원들은 아무런 일도 없었다는 듯이 무사히 산행을 마쳤다더군요."

평소 아침 체조로 다진 체력과 정신력을 강조하는 사내 분위기가 빛을 발했을 것이라고 한다. 그것 말고도 이 회사 사람들은 어딜 가도 눈에 띄는 특징이 있다. 지역 내 다른 기업들과 공동 행사를 할 때, 이 회사 사람들은 어떻게든 '티가 난다'고 했다. 뭘 해도 가장 앞에서 달리고 있는 사람들을 보면 '우리 사람들'이고, 어떤 경쟁에서 끝까지 살아남는 사람들이 이 회사 직원들이다. 어깨가 으쓱하는 일이다.

"다 의식고도화 덕분이라고 생각해요. 거기서 미리 예방주사를 맞은 거죠. 그래서 의식고도화 교육은 일종의 백신 같은 거라고 봐요. 이길 수 있는 항체를 만들고 오는 거지."

대표부터가 의식고도화 수료자로서 회사를 경영하는 데 있어 남다른 뚝심을 보여주고 있었다. 예컨대 불황일수록 이 회사는 신입 사원 수를 더 늘린다. 어려울 땐 인원 감축부터 생각하는 일반적인 방식과 정반대로 움직인다. 일할 수 있는 사람을 늘려 공격적으로 직원들을 거래처에 투입하는 것이다. 또 어려울 때는 직원들에 대한 정신무장의 강도가 더욱 강화된다.

"어려울수록 새벽부터 부지런히 움직입니다. 대표부터가 앞장서는 거예요. 남보다 더 많이 뛰어야 남보다 앞설 수 있어요. 시대가 바뀌어도 이건 변하지 않는 진리죠."

행동으로 보여주는 것이 최고다. 이들이 걸어온 성공 신화의 여정 가운데, 말과 서류만으로 해결되는 일은 거의 없었다.

의식고도화는 힐링이더라

계단을 오르는 선희 씨의 발걸음이 경쾌하다. 두 귀에 꽂은 이어폰에서는 터질 듯한 음악이 흘러나온다. 사무실 문을 열면서 환히 웃는 표정은 일주일 전 의식고도화 교육을 떠나던 그때보다 한층 활기에 넘쳐 있다. 그녀의 눈길이 가장 먼저 팀장을 향한다. 창가 쪽 자리에서 반갑게 일어나 반기는 서상희 팀장. 선희 씨는 반가워 손을 흔들어 보이다가, 아차 싶었는지 이내

정색을 하고 90도 인사를 했다.

"반, 갑, 습니다!"

느닷없이 울려 퍼지는 우렁찬 목소리에 사무실 곳곳에서 환영의 박수 소리가 나왔다.

"어이, 우리 핵심인재님 돌아왔구먼!"

금의환향이라도 한 듯 선희 씨는 의기양양하게 교육 수료증을 치켜들고 한 바퀴 돌며 즐거운 복귀 세리머니를 치렀다. 오늘만큼은 약간의 오버가 오히려 더 자연스럽다는 듯. 의식고도화 교육 기간 내내 몸에 익은 발성과 인사 예절을 그대로 적용해 보리라 작정이라도 한 모양이다.

'역시나!' 팀장은 '요즘 아이들'의 거침없는 자유로움에 또 한 번 격세지감을 느낀다. 예전 자신이 의식고도화 교육을 받던 때의 긴장과 진지함과는 또 다른 모습이다.

"멀쩡하네! 건성으로 하고 온 거 아냐?"

말은 그렇게 하면서도, 팀장은 대견한 듯 선희 씨의 등을 토닥이며 시원한 오미자차 한 잔을 건넸다. 당분간 목쉰 소리로 지내야 할 부하직원을 위해 손수 마련해 온 선물이다.

"역시 우리 팀장님밖에 없네요. 이러니 사랑하지 않을 수 없죠."

마주보고 웃는 두 사람은 마치 친자매처럼 다정하게 일주일 만의 해후를 나눴다. 선희 씨를 교육원에 보낼 때만 해도 팀장은 약간의 걱정이 앞섰던 게 사실이다. 신세대답게 톡톡 튀는 성격, 똑 부러진 일처리, 할 말은 하는 당돌한 성격인 그녀가 과연 의식고도화 식 문화에 잘 적응할 수 있을지 내심 걱정이었다.

　게다가 선희 씨는 일하는 시간 빼고는 온종일 음악을 귀에 달고 살아야 하는 사람이었다. 스마트폰과 개인 물품을 일체 사용할 수 없는 교육 과정의 규율을 과연 견딜 수 있을지, 일견 권위적으로 느껴지는 그곳의 이질적 문화를 인정하고 받아들일 수 있을지가 솔직히 걱정되었다. 이러다 중간에 뛰쳐나오면 안 되는데.

　"있잖아, 무조건 한번 해보겠다는 생각을 해야 할 거야. 납득이 잘 안 되더라도 해보고 판단하자고 생각하면, 나중엔 다 이해가 되거든. 그래야 얻어지는 것도 있고…."

　이어지는 팀장의 말을 선희 씨가 중간에서 잘랐다.

　"에이, 그런 게 어딨어요? 요즘 세상에 누가 시킨다고 시키는 대로 해요. 봐서 할 만하면 하고, 영 아니다 싶으면 조목조목 따져보기도 해야지. 그리고 이렇게 미리 예습을 하는 건 재미없어요. 걱정 마세요, 팀장님. 제 방식대로 잘하고 올 테니까."

　별 수 없다. 부딪치면서 적응하고, 안 되면 그때 다시 생각해 보는 수밖에. 여전히 못미더운 얼굴의 팀장에게 그녀가 다짐하듯 한마디 덧붙인다.

　"못 믿으세요, 절? 아무려면 회사에서 25년 넘게 보내는 교육이라는데, 뭔가 다 뜻이 있으려니 생각해요, 저도. 걱정 마시고, 일주일 후에 봬요. 아참, 그리고 다음 간담회 기획안은 다녀와서 드려도 되죠? 아직은 시간이 있으니까."

　그렇게 해서 보낸 선희 씨가 전화를 걸어온 건 교육 들어간 지 이틀이 지나서였다.

"하이~ 팀장님! 저 보고 싶으셨죠?"

핸드폰에 찍힌 이름을 보고 살짝 긴장되던 팀장. 그러나 수화기 너머 들려오는 그녀의 목소리는 밝고 씩씩했다. 첫날에 멘붕이 한 번 오더니만, 그 다음부턴 은근히 재미있기까지 하더라는 의외의 소감이다. 요즘 친구들이란…. 괜한 걱정을 한 모양이다. 하여튼 다행이다.

"팀장님, 현재 스코어, 제가 1등이걸랑요? 하하, 도장 찍는 재미가 이거 장난 아닌데요? 제가 알고 보니 꽤나 모험을 즐기는 타입인 거 있죠. '최선상' 받아갈 테니 파티 열어 주세요."

마치 수학여행이라도 간 소녀처럼 그녀는 조잘조잘 신이 나 있었다. 그리고 '최선상'까지는 아니었지만 2등으로 수료하고 돌아왔다.

신세대라 그런지 낯선 환경을 대하는 태도가 자기 때와는 확실히 다르다고 서 팀장은 생각한다. 이전 세대에 비해 어딘가 가벼워 보이고 때론 생각 없이 사는 것처럼 보일 때도 있지만, 저렇게 새로운 상황마저 즐길 줄 아는 자세가 이들의 강점인 것 같다. 이 또한 알게 모르게 굳어버린 편견이겠지. 팀장은 컴퓨터 화면을 열었다.

메일함 리스트 가운데 선희 씨의 것이 눈에 들어온다. 주말에 돌아와 쉬기도 바빴을 텐데, 그새 기획안을 작성한 모양이다. 그런데 '제가 없었던 자리, 허전하셨죠?'로 시작하는 메일은 업무용이 아닌 진짜 '편지'였다.

교육 들어갈 때 속으로 짜증나던 심정을 솔직히 풀어낸 후 그녀는 이번 의식고도화 교육을 직장 생활을 계속 할 것인지 말 것인지를 판가름할 기준으로 삼으려 했다고 고백한다. 정신무장이 유독 강조되는 회사 분위기에 내심 주눅이 들기도 했고, '나와는 맞지 않는 것' 같아 고민이었다. 이참에 전부터 미련을 두고 있던 유학에 대해서도 가능성을 열어 두기로 했다. 그러나 들어가서 본 의식고도화 교육은 그런 그녀의 혼돈스런 생각을 제대로 깨뜨려 주었다. 겉으론 덜렁덜렁 센 척하고 다니지만 실은 자신에게 닥친 문제를 회피하고 있었던 고질적 습성을 깨달았다고 한다.

"팀장님, 그거 아세요? 의식고도화 간다고 사람들이 막 겁주고 그러던데, 제가 보니까 이거 완전 힐링인 거 있죠. 태어나서 그렇게 진지하게 저 자신에 대해 생각해 본 건 처음이에요. '주제파악'을 제대로 했다고나 할까.

가식의 가면을 쓰지 않은 사람이 있을까요? 제가 유독 그랬던 것 같아요. '주제파악'은 항상 뼈아픈 고통을 동반하죠. 그래서 회피하고 싶고, 알고 싶지 않았던 것 같아요. 내 안의 열등감 때문에. 그런데 막상 그걸 똑바로 바라보고 나니, 괜찮아지는 거 있죠. 지금 그대로의 나도 꽤 쓸 만하지 않나 하는 생각도 들고요. 일에 대한 자심감도 확실히 생긴 것 같아요. 그리고 제가 정말 좋은 회사에 다니고 있다는 걸 실감했답니다. 앞으론 팀장님 곁에서 열심히 배우고 일할 테니 잘 좀 키워 주이소!"

엉뚱하게만 보이던 그녀의 마음속 풍경을 본 것 같은 기분. '요즘 아이들 참 생각 없이 산다'고 쉽게 단정한 것이 틀렸음을 다시 한 번 인정하는 순간이다.

첨부된 파일엔 그녀의 새 기획안이 깔끔하게 정리되어 있었다. 교육에서 돌아와 곧바로 이것부터 붙들고 있었을 그녀의 마음이 느껴진다. 현황 분석, 주제에 대한 문제의식, 실행안까지 일목요연하고 명쾌하다. 일하는 스타일이 맘에 들던 친구였는데, 이렇게 한 단계 성숙하는 모습을 보니 마음이 뿌듯하다. 그 마음 그대로, 오래오래 같이 가기를 소망하며 팀장은 팀원들에게 쪽지를 날린다.

"오늘 저녁 팀장이 쏩니다. 의식고도화 교육 무사귀환 파티니 메뉴 선택권은 선희 씨에게 주겠음. 일정 안 되는 사람?"

**재미있는 직장, 꿈을 이루는 회사,
우린 가능해요!**
㈜태창플러스

재미없으면 일하지 말라는 직장

일하기 좋은 직장! 재미있는 직장! 꿈이 있는 직장!

직장을 다니는 모든 사람들의 로망이지만 현실에서는 좀처럼 만나기 어려운 '이상'인지도 모른다. 회사의 모토를 그렇게 정한다 한들 직원들이 그렇게 느끼고 있지 않다면 '말짱 꽝'이다.

그런데 회사 대표가 '재미없으면 일하지 말라'고 선언한 이래 일하는 사람으로서의 진정한 재미, 함께 어울려 살아가는 세상 만들기의 행복을 하나둘 실현하며 살아가는 사람들이 있다. 이들은 "난 회사가 진짜 재미있어!"라고 말해 주변의 부러움을 사고 있다.

"디자인을 할 때 항상 패션에 어떤 재미를 담을 것인가를 생각해요. 그냥 예쁜 옷이 아니라 삶의 재치와 개성 넘치는 즐거움을 담으려 노력합니다. 신나고 재밌는 곳에 소비자들의 마음도 열리는 것이죠."

마네킹에 원단을 이리저리 감아보며 '가장 Fun한 느낌'을 찾는 중이라는 디자인팀 직원의 말이다.

패션 전문업체로 2001년 처음 시작된 이 회사는 수없이 많은 브랜드들이 생겨났다 소리 없이 사라져 가는 불황 속에서도 차근차근 사세를 확장하며 캐주얼 패션업계의 다크호스로 부상했다.

패션 비전공자 3명이, 그것도 가족 구성원끼리 시작한 작은 회사가 이제 직원 60여 명 규모의 기업으로 성장했다. 서울 시내 모 백화점 진출을 비롯하여 전국 75개 매장으로 확장하며 자신들이 만든 재미있고 신나는 패션으로 고객을 만난다. 놀랍게도 이들은 그동안 단 한 차례도 매출이 늘지 않은 적이 없었다.

스스로를 회사의 '대표사원'이라 소개하는 정일윤 대표는 "회사 매출이 늘고 사세가 확장된다는 거 하나로도 재미의 중요한 요소 하나는 챙긴 것"이라며 환히 웃는다. 집안이 쪼들리는데 식구들에게 '웃어라', '재미있게 좀 살아라'라고 할 수는 없는 노릇이니 말이다. 이러한 성과는 아이러니하게도 매출 하나하나에 일희일비하지 않고, 100년 기업을 목표로 가다 보니 이룬 성과라고 했다. 일반적인 기업 경영과는 상당히 다른 방식의 '특이한' 경영 철학이 이루어 낸 결과다.

이 모든 게 드라마 속에서나 가능한 낭만적 얘기로 들리지만, 회사의 구석구석에서 터져 나오는 직원들의 깨알 같은 우음소리만으로도 '느낌'

이 전해진다. 색색의 원단과 패턴이 즐비한 디자인실은 딱딱한 위계도 권위도 없다. 경력과 연차에 무관하게 모두가 똑같은 한 사람의 디자이너로 자신의 느낌을 패션에 담는 일에 집중한다. 회사의 옥상 테라스에 마련된 정원에서는 직접 담근 매실차 한 잔의 한담을 나누거나 직접 기른 채소로 푸짐한 바비큐 파티가 벌어지기도 한다. 같이 일하고 쉬고 먹고 대화하는 모든 일상, 즐겁지 않다면 그런 여유와 자유로운 분위기는 나올 수 없을 것이다.

정 대표는 말 그대로 재미있게 노는 일에 대해 관심이 많다고 했다. 회사 워크숍에서도 일에 대한 얘기는 한두 시간 안에 짧고 굵게 끝내고 등산이나 스키 등 직원과 함께하는 놀이에 몰입하며 즐거운 시간을 만들어 간다.

아무리 재미있는 일도 그것이 '일'이 되는 순간 재미가 없어지는 경험을 많이 한다. 디자인을 좋아하고 자신만의 느낌을 담아 옷 만드는 일을 즐기던 사람들도, 막상 직장인이 되면 그 재미있던 옷 만들기가 지겨운 일이 돼버리기 십상이다. 오죽하면 '밥벌이의 지겨움'이란 말에 그토록 많은 사람들이 공감을 하겠는가.

"그거 참 안타까운 일이죠. 그래서 저는 하고 있는 일에 재미를 만들어 넣자고 생각했습니다."

이들이 만들어 가는 재미란 '자기계발을 즐기고 사회적 나눔을 실천하며 패션을 통해 고객과 소통하는 것'이다. 일을 통해 보람과 만족을 느끼고 성장하는 즐거움을 추구하는 것이다. 직장인으로서의 재미를 위해 이들은 회사 밖으로 나가 적극적으로 세상을 탐색하고 경험하고 느끼는 일에 투자를 아끼지 않는다. 이 모든 게 일의 재미, 삶의 재미를 만들어 낼 소스를 찾는 과정이다. 없던 재미도 창조하는 능력이 있어야 스스로 재미를 창조하고 그것을 함께 즐길 수도 있다.

이 회사의 특이한 점은 직원들에게 '할당된 목표'를 주지 않는다는 점이다. 뚜렷한 목표가 제시되고 그것을 달성하기 위한 치열한 경쟁을 통해 실적을 올리는 것이 일반적인 기업의 태도인 것에 반해, 상당히 독특한 사고와 경영 원칙이 아닐 수 없다.

"목표를 주고 다그치면 일을 더 잘할 것 같지만, 그건 착각이에요. 기업주가 그렇게 하지 않아도 직원들이 자발적으로 일을 합니다. 시키는 대로만 하는 착한 사람은 세상의 변화를 리드하지 못합니다. 말을 잘 듣는다는 칭찬으로 족하다면 모를까, 꿈과 이상이 있는 사람이라면 자기 생각과 판단력이 있어야 합니다. 목표를 세우더라도 대표가 아니라 직원이 자기 목표를 만들어 가야 해요. 그래야 일이 지겹지 않고 오히려 신날 수 있는 거죠."

재미있는 직장 만들기는 이래서 회사의 홍보용이 아닌 현실의 즐거움이 되고, 모든 직원들이 만족하는 자랑스러운 직장 문화로 이어져 간다. 사회생활 경력이 전무하다시피 한 직원들이 어느덧 튼실한 중견 간부가 되어 회사 일을 떠맡아 고민하고 스스로 계획하고 이끌어 간다. 그런 모습은 경영자로서 가장 큰 보람이다. 회사와 함께 성장하는 직원, 직원의 역량에 따라 성장하는 회사. 이 둘의 관계가 조화로운 기업의 재미는, 그래서 '더불어 함께 성장하는 재미'로 통일된다.

주인을 주인답게 대접하는 교육의 힘

태창플러스에는 '전 직원 사장 만들기 프로젝트'가 있다. 회사가 요구하는 인재상이 무엇인가를 담은 프로그램이다. 사장처럼 생각하고 행동하는 것을 내용으로 하는데, 자율경영을 정착시키기 위한 가장 핵심적인 프로그램이라고 한다. 직원들로 하여금 주체적이고 능동적인 '주인'이 되게 하는 것이다.

직원을 주인으로 만들고, 주인답게 일할 수 있도록 하기 위해선 '주인대접'이 필요하다는 게 정 대표의 지론이다. 이것으로 회사의 중요한 성장의 동력을 만들어 나가려는 생각은 그가 회사를 시작하기 전부터 가졌던 나름의 철학이었다.

내가 주인이다!

소심

의식고도화
교육 후

"젊어서 대기업에 다녔는데, 말로는 '여러분이 회사의 주인'이라고 하면서 막상 주인답게 일할 수 있는 여건을 전혀 만들어주지 않는다는 생각이 들더군요. 가장 큰 게 정보의 제한이었어요. 스스로 판단하고 장단기적인 그림을 그리기 위한 정보는 나에게 없는 거예요. 그냥 내가 처리할 업무에 해당하는 것만 알아야 하고 거기까지만 기대하는 거더군요. 참 재미없고 답답한 일이죠."

사실상 '시키는 것만 하라'고 하면서 말로만 주인정신을 강조하는 모순적인 세상이었다. 그래서는 거대한 기계의 부속품에 지나지 않는다는 느낌이 들었다.

또 하나는 교육의 필요성이었다. 자율적인 판단과 비전을 갖게 만드는 마인드 교육이 필요하다고 생각한 것도 실지 경험에서 비롯된 결론이었다. 회사를 운영할 때 어떤 것은 하면 안 되고, 어떤 것은 꼭 해야 하는지에 대한 교훈을 그는 젊은 시절 직장 생활을 통해 배웠다. 잘못된 현상을 보고 해결 방안을 찾아내도록 한 '반면교사'의 원리다. 아이러니하게도 의식고도화 교육은 그때 경험한 것이다.

"젊은 시절 직장에서 교육을 보내줬는데, 참 신기하고 특이한 곳이더군요. 사람을 들었다 놨다 흔들어 놓더니, 완전히 세상을 다르게 볼 수 있는 힘을 심어 주더라고요."

그는 정해진 기간 안에 수료를 못하고 무려 사흘이나 더 지나서야 수료를 할 수 있었다. 새로운 사고와 행동의 변화를 위한 진통의 시간이 남들보다 더 길었다. 그만큼 남겨진 결과도 확실하다. 그 교육으로 인해 본래 내성적이었던 성격에 변화가 왔다.

여러 사람 앞에서 프레젠테이션을 할 때마다 극도의 긴장감에 시달렸던 그는 남모르는 고통이 있었다. 사람들 앞에서 발표를 할 일이 있을 땐 발표 내용을 밤이 새도록 외워서 가곤 했었다. 차라리 머리로 몽땅 다 외워 버리고 그걸 줄줄 풀어놓는다 생각하는 게 편했다. 그러나 의식고도화 교육 이후 그 부담감과 두려움이 사라졌다. 큰 소리로 자신의 이야기를 발표하고 난 후의 확실한 변화는, 이제는 사람들 앞에서 강의하고 연설하는 것을 상당히 즐길 수 있게 된 자신의 모습이었다.

'자신의 한계를 넘은 경험'이 주는 변화는 엄청났다. 한 가지 문제를 극복하고 나니 일에 대한 강한 자신감과 의욕이 생겼다. 교육을 통한 변화의 힘을 누구보다 잘 알고 있는 그는 회사를 세운 후 직원들 교육을 가장 우선적으로 시작했다.

"다들 기가 막혀 했죠. 이게 뭐야? 뭐 이런 세상이 다 있지? 하면서 얼떨떨하다가 나올 때는 다들 멋있게 변해서 나오는 거죠. 자기가 자기 일의 주인으로 살아야겠다는 생각. 그거 하나는 확실하게 하고 오는 것 같습니다. 그래서 의식고도화를 계속 보내고 있지요."

창의적인 일을 하는 사람들의 특징은 일체의 권위적 명령과 일방적인 지시를 못 견딘다는 점이다. 그래서 의식고도화는 창의력을 기대했던 직원들에게는 완전히 '거꾸로 가는' 교육이라는 생각이 들게 만든다. 그러나 나오면서 느끼는 최종적인 카타르시스는, 살아가면서 좀처럼 만나기 어려운 강렬한 에너지를 이끌어내고 진정 창의적인 인간으로 강화해 준다.

"여기서 몇 년 일하다가 이직하는 친구들이 있어요. 사실 많지. 몇 년 여기서 실력을 쌓다보면 대기업에서 빼가곤 하니까. 안타깝지만 어쩔 수 없는 현실이에요. 그런데 그 직원이 퇴사를 하면서 한다는 소리가, 의식고도화 교육 보내주신 게 가장 기억에 남는다고 해요. 가장 크게 깨닫고 배운 기회였다고. 그래서 더 감사하고 미안하다고요."

그만두는 마당에 교육의 기회를 준 것에 감사하며 미안해하는 직원을 보니, 주인으로 대접하고 주인으로 성장시키고 싶다는 그의 목표를 의식고도화 과정을 통해 상당 부분 이루고 있었다는 걸 실감했다. 그리고 이 회사에서 좋은 경험을 하고 떠나는 직원이 다른 곳에 가서도 능력을 인정받기를 진심으로 바랐다.

이 회사의 자기계발 프로그램은 의식고도화 과정을 포함해서 연차별로 체계화되어 있다. 3개월 차 신입 사원은 의식고도화 과정을, 1년차는 일본 미션여행, 2년차는 지리산 종주, 3년차는 홍콩 미션여행, 4년차는 설악산 종주, 5년차는 중국 미션여행, 6년차는 국토대장정, 7년차는 유럽 미션여행, 8년차는 다시 국토대장정이다.

직원 교육에 관한 한 이보다 더 적극적인 투자는 없을 정도의 구성이다. 이렇게 매년 단계화된 교육 과정을 거치면서 직원들은 점차 주체적이고 능동적인 회사의 중심 인물로 성장해 간다.

창립 이후 위기라고 할 만한 큰 어려움 없이 꾸준한 성장으로 거듭해 갔던 것은 스스로 성장하는 기쁨을 누리는 직원들이 함께했기 때문이라고 확신한다. 전 직원이 '사장처럼 생각하고 행동하다'는, 남들은 '미션 임파서블'

이라 여기는 일이 이곳에서는 현실화되었다는 게 성장의 비결이다.

여직원 K, 회사의 마니아가 되다

총무팀의 시계는 오후 6시를 가리키고 있었다. 서랍 닫는 소리, 컴퓨터 파워 끄는 소리가 들린다. 잠시 후면 어김없이 여직원 K가 자리에서 일어설 것이다. 사무실에서 유일하게 '칼 퇴근'을 사수하는 그녀는 여태껏 한 번의 예외도 없이 정해진 규칙을 지키고 있다.

자기 할 일을 남에게 미루는 것도 아니고 정해진 시간에 퇴근하는 걸 뭐라 할 수 없지만, 동료들이 대부분 남아 일하는 가운데 혼자만 자기 권리를 주장하는 모습이 그리 좋게 보이지는 않았다. 상황이라는 게 있고 팀워크라는 게 있고 동료애라는 게 있는 건데, 그녀는 '내 일만 똑바로 하면 된다'라는 직업관을 가지고 있었다. 딱히 잘못된 건 아니지만 어딘가 정이 안 가는 캐릭터인 것은 분명하다.

"먼저 퇴근하겠습니다."

가방을 메고 총총히 걸어 나가는 뒷모습을 눈으로 좇던 동료들은 어깨를 으쓱하며 한마디씩 한다.

"부럽다, 저런 패기. 대체 어디서 나오는 걸까?"

"적어도 남에게 피해를 주진 않잖아. 지각 한 번 안 하고 일을 못해서 지장을 준 적도 없고. 정은 안 가지만 뭐라 꼬집어 말할 건 없는 거지 뭐."

"그래도 그렇지. 말이라도 뭐 도와줄 거 없나 물어보는 법이 없어요."

매사에 그녀의 관심은 '그러니까 내 책임이 어디까지'인지에만 있었다.

정확한 시간에 출근해서 주어진 업무를 채우고 퇴근시간에 맞춰 돌아가는, 얄미울 정도로 정확한 사람이다. 입사한 지 3개월이 되도록 이렇다 할 친분이 안 생기는 이유는 그거였다.

"쯧쯧, 저래 가지고 회사 생활이 무슨 재미가 있을까?"

정 대표는 그런 K의 모습을 내내 지켜보고 있었다. 동료와의 관계에 무심한 채 오직 '할당된 업무'만 수행하고 월급을 받아가는 식의 직장생활이 즐거울 리가 없다. 그렇게 무미건조하게 살지 않아도 될 텐데, 뭔가 전환의 계기가 필요해 보였다.

며칠 후 직원 교육 프로그램에 따라 K도 의식고도화 교육을 받으러 떠났다. 나이 어린 여직원들은 "나 없는 동안 회식들 하지 마세요", "꼭 입대하는 거 같다. 위문편지 꼭 보내줄 거죠?" 하는 식으로 교육에 대한 부담과 걱정을 나누고 있건만, 상대적으로 나이가 가장 많은 K는 역시나 홀로 덤덤히 '해야 하니까 어쩔 수 없지' 하는 표정으로 출발을 기다리고 있었다.

"K 씨가 제일 맏언니뻘이니 잘들 챙겨 주시면 되겠네요."

의례적인 인사일 수도 있는데 K는 굳이 이렇게 대답을 한다.

"각자 알아서 잘 하는 거지요. 나이 많다고 제가 뭘 더 해야 할 일이 있을까요?"

그런 것까지 '내 일인지' 여부를 따지는 마음이 못내 안타깝지만 일단은 교육을 보내야 할 시간이다.

"이번만큼은 '왜?'라는 질문 없이 그냥 따라보자 마음먹었으면 좋겠습니다. 그럼, 교육 기간 동안 선상들 하시고, 다음 주 월요일에 봅시다."

　대표의 당부를 끝으로 직원들은 회사를 나갔다. 평소 정 대표는 직원들에게 항상 '왜?'라는 질문을 던질 것을 강조하던 사람이었다. 스스로 의문을 가지고 그에 대한 답을 찾아야만 제대로 된 판단과 확신을 가질 수 있을 거라는 게 그의 지론이다. 그런데 지금은 정반대의 주문을 하고 있는 것이다. 하지만 교육을 떠나는 지금, 그 누구도 그게 무슨 말인지를 다 알 수는 없었다. 문제될 것은 없다. 다른 직원들도 교육을 마치고 난 이후에야 왜 그런 얘기를 했는지 이해가 됐다고들 말했으니까.

　일주일이 지나고 의식고도화 교육을 다녀온 직원들이 함께 모여 간단한 소감과 평가의 자리를 가졌다. 그런데 K의 순서가 되었을 때, 그녀는 눈물을 글썽이기 시작했다.

"제가 세상을 보고 살아가던 방식이 잘못되어 있었다는 것을 알았어요. 큰 깨달음 앞에서 그간 제가 보여준 모습이 부끄러워 몸 둘 바를 모르겠습니다."

항상 느끼는 것이지만 의식고도화를 다녀온 사람들의 변화는 놀라울 정도였다. 묘하게 사람의 마음을 변화시키는 힘을 가지고 있었다. K는 '나만 잘하면 그뿐'이라는 생각이 강했고, 오로지 자기 자신과 가족 이외에는 관심 가질 필요가 없다고 생각했었다고 말한다. 이전에 다니던 직장에서의 각박했던 경험과 그 속에서 자기를 지키는 유일한 생존법이 그거밖에 없다고 생각했다는 것이다. 눈물로 털어놓는 자기 고백에 다들 처음으로 그녀의 속내를 들을 수 있었다.

그 이후부터 사람이 완전히 달라졌다. 타고난 성실함이야 그대로였지만, 전과 다르게 밝게 웃는 그녀의 음성이 하루 온종일 들려왔다. 동료들과 어울려 차를 마시고, 일에 대해 조언을 구하기도 했다. 그리고 1년 만에 그녀는 주임으로, 그다음 해는 대리로, 또 그다음 해는 과장으로 승진을 했다.

얼마 못 갈 것 같다는 우려를 완전히 털어내고 회사의 중심적인 인물로 확고한 성장을 이뤄 나갔던 것이다. 앞장서서 일을 기획하고 준비하고, 부서원들의 업무가 원활히 돌아가도록 세심하게 서포트하는 데도 탁월했다. 사람을 배려하고 잘 돌보는 능력은 시간이 지나면서 알게 된 그녀의 숨은 매력이었다. 생각할수록 대견하고 신통한 변화다. 정 대표가 보기에 의식고도화 과정을 거치고 난 후 가장 확실한 성장을 하고 있는 직원이 바로 그녀였다.

이제 입사 8년차인 그녀는 누가 뭐래도 열렬한 회사의 마니아가 되었다.

회사 안에서 벌어지는 모든 일에 그녀의 관심과 열정이 보태지고, 눈앞에 벌어지는 잘못된 현상들에 시어머니 같은 잔소리도 늘어놓는 사람이 되었다. 진심으로 회사의 일을 고민하고 걱정하는 '주인'이 되어 버린 것이다.

"요즘 점심시간 자율 운영에 좀 문제가 있는 것 같습니다."

어느 날 정 대표에게 차 한 잔을 청하며 그녀가 말했다. 직원들의 자율성을 믿고 운영하는 여러 방침들에 대해 일부 직원들이 자의적으로 해석하고 변칙적으로 이용하는 부분이 있다는 것이다. 업무 중 외출을 하는 직원들이 있어도 굳이 어딜 가는지, 몇 시에 돌아오는지를 일일이 묻지 않는다. 직원들의 자유로운 리듬에 따라 점심시간을 딱히 규정하지 않도록 했기 때문이다. 그런데 이걸 개인적인 용무를 처리하는 데 과도하게 남용한다는 것이다.

"그런 일이 있나요? 그럼 어떻게 해야 하나?"

K는 자기가 한번 직원들과 얘기를 해보겠다고 했다. 자율은 책임이 동반되어야 하는 건데 그 점을 놓치고 있는 것 같다며, 팀 내에서 토론을 해보겠다는 것이다. 정 대표는 가슴속으로 번지는 감동을 느꼈다. 그냥 모른 척 지나가도 될 일을, 굳이 나서서 바로잡아야겠다는 생각을 하는 사람이 바로 그녀였던 것이다. 그로 인해 직원들 사이에서 생길지 모를 불편한 눈총보다 잘못을 바로잡아야겠다는 목표도 간절해 보였다.

자리를 일어나서 나가는 K에게서 8년 전의 모습은 더 이상 찾아볼 수가 없었다. '내 일처럼' 회사 일을 하는 것이 아니라, 이젠 회사의 일이 '내 일'인 사람이다. 직원을 믿고 기다려 주는 대표의 방침과 의식고도화라는 훌륭한 자극제가 있었기에 가능했던 이 놀라운 성장 사례는 그가 외부 인사들을 만나거나 강의를 할 때마다 얘기하는 회사의 자부심이 되었다. 이런 직원들과 함께 일하는 보람은 회사의 매출이 늘어나는 것 이상의 보람이며 행복이다.

인사·청소·미소를 실천하는 즐거움

출근 시간. 도로에는 간밤에 내린 눈이 소복하다. 회사 앞 골목길엔 동네 꼬마들이 나와 눈을 굴리며 놀고 있다. 그 정겨운 장면에 너나 할 것 없이 어릴 적 추억들을 떠올리는 아침이다.

"자, 저쪽 끝에서부터 저기 가로등 있는 데까지는 총무팀이 맡고, 그 옆 편의점부터는 디자인실이 해주시고⋯."

추억은 추억일 뿐. 눈 쌓인 아침엔 열심히 눈 치우기에 나서야 하는 게 어른들에게 주어진 과제다. 출근하자마자 일제히 빗자루를 들고 눈을 치우는 직원들은 간간이 지나는 주민들과 반갑게 인사를 나눈다.

"안녕하세요? 오늘도 일찍 나오시네요."

직원들이 건네는 활기찬 인사에 이웃 부동산 사장님은 반갑게 웃어준다.

"오늘도 이 주변 눈은 그 회사 직원들이 죄다 치워 주시네. 일하기도 바쁜 사람들이 참 고맙습니다."

그대로 들어가기가 멋쩍은지 그는 작은 실내용 빗자루를 들고 나와 같이 거들었다. 싸악, 싹, 비질하는 소리, 아이들 뛰노는 소리, 여직원들의 웃음소리가 겨울 아침 길에 기분 좋은 울림을 만들었다. 어느새 회사 주변의 두 블록을 모두 다 치우고 나니, 이마에는 땀까지 맺혔다. 직원들은 두툼한 점퍼를 벗은 지 오래다.

"수고했습니다!"

서로 인사를 하며 다시 회사로 들어가는 직원들은 모두들 하얀 입김을 뿜으며 활기찬 하루를 시작한다. 스페셜 이벤트 같은 눈 오는 날 아침의 눈 치우기는 직원들의 건강한 웃음으로 산뜻하게 마무리되었다. 지나는 동네 어르신들은 "이런 고마운 사람들이 있네"하는 칭찬과 "이 회사 대박날 거야" 같은 덕담도 아끼지 않는다.

인사 잘 하고, 청소 잘 하는 것은 진작부터 이 직원들의 특징으로서 이거 하나만으로도 인근 주민들로부터 '괜찮은 사람들'이라는 인상을 심어주었다.

"사람을 만나면 인사를 하자, 기왕이면 얼굴에 미소도 띄우자, 자기 주변은 자기가 깨끗이 하자. 이런 건 초등학생들도 다 배운 기본 상식이잖아요? 그런데 이 상식만 실천해도 사람들은 비범하다고 인정을 해 줘요."

정일윤 대표는 기본만 잘 해도 평균 이상의 인정을 받으니, 너무 큰 욕심 부리지 말고 기본부터 잘하자는 말을 자주 한다. 신입 때부터 의식고도화 교육을 받은 사람들이라 그 목적과 이유에 대해 그 이상의 설명은 필요 없다. 직원들은 어딜 가나 인사 잘하고 싹싹하고 밝은 사람들로 인정을 받고 있다.

점심 때 주변 식당에서도 이 회사 직원들이 들어가면 무조건 특급 대우다. 물어볼 것도 없이 "여기 우리 식구 세 명!"하고 주방에 외치시는 식당 '이모님'은 직원들의 살가운 인사가 마음에 들어 스스럼없이 '우리 식구'라

는 말로 친밀감을 표시한다. 거기에 맛있는 반찬을 한 번 더 챙겨다 주고 리 필해 주는 대우는 다른 회사 직원들이 '왜 저 사람들만?'하고 따져 물으며 그 특별한 '편애'를 부러워하게 만들었다.

예의 바른 사람으로 사는 것만으로 세상은 생각보다 많은 것을 우리에게 돌려준다. 자기 자리를 깨끗이 청소하는 것도 기본 중의 기본에 해당하는 매너다. 하지만 대부분이 놓치고 살기 때문에 그걸 잘하는 직원들에 대한 평가는 상대적으로 '최상급'이 되는 것이다.

인사를 나누고 마음을 나누고, 내 시간과 노동을 조금 더 나누어 타인을 배려하는 문화는 직원들이 누리는 '사회적 관계의 재미'를 만들어냈다. 그

대단할 것도 없는 실천이 경쟁력이 되는 것을 실감할 때의 재미란 생각보다 큰 것이다.

"안녕하십니까?"

"반갑습니다."

"고맙습니다."

이 쉽고도 간단한 인사가 행복을 부르는 주문이 된다.

"하하하, 의식고도화 가서 하는 것처럼은 아니죠. 하지만 상대방에 전하고 싶은 마음이 충분히 담길 정도의 소리와 동작으로 인사를 하면 다들 우리를 '다시 보는' 거예요."

인사 잘하는 것이 경쟁력이라던 의식고도화 과정의 얘기를, 이들은 실생활에서 날마다 실감하면서 살아가는 것이다. 그 결과는 나와 타인 모두의 기분 좋은 하루하루를 만들어줬다. 교육의 효과란 대단하다. 거창한 것은 아니지만 이렇게 날마다 실천하며 확인하는 인간관계의 현장에서 더욱 확실하게 증명되고 있다. 인사 잘해서 밥도 맛있는 걸로 먹고, 청소 잘해서 지역의 자랑이 되고, 잘 웃어서 호감을 얻는, 아무것도 아닌 노력이 주는 커다란 재미를 톡톡히 보고 있는 셈이다.

우리는 '의고 스타일'

회사 경영에서도 직원들의 문화에서도 이들은 남들과는 다른 독특함을 자랑한다. 또한 알고 보면 그것이 회사를 키워 온 배경이요, 경쟁력이다. 일하고 살아가는 재미를 하루하루 발견하며 살다 보니 중소기업 규모로는 상당히 알찬 수준까지 올라가 있었다. 패션 회사이기에 중요한 일의 흐름은 주로 디자인실에서 형성되고 있다. 디자인 경력자로 회사에 들어온 것이 아니라 모두 여기에서 디자이너로서의 첫발을 내딛은 직원들이다. 특이한 건, 보통 디자이너로서의 역할을 맡기까지 다른 회사라면 2년이 걸려야 할 것을 이곳에서는 입사 후 3개월이면 할 수 있다.

"의식고도화 과정을 마치고 나면 비로소 회사의 정식 직원으로 인정을 해요. 이제 우린 한 식구다 하는 기준이 그 교육이지요."

이렇게 자기 이름을 달고 디자인을 내놓을 수 있는 권한이 부여되는 것은 상당한 파격이다. 5년 이하의 경력자가 인정을 받는 경우가 거의 없는 업계 분위기를 고려한다면, 직원들로서는 '꿈을 실현하는 기회'가 처음부터 주어지는 것이다.

"너무 기쁘고 떨리기까지 했어요. 엄청나게 긴장이 되고. 내 아이디어를 검증할 수 있다는 것만으로도 엄청난 기회라고 생각해요."

자기가 내놓은 시제품이 정식으로 채택되는 행운을 누린 신입 디자이너는 '일할 맛 나는 직장'에서 일하고 있는 행복을 이야기한다.

정 대표는 경력이 실력을 말해 주는 건 아니라고 생각한다. 오히려 초짜이기 때문에 몸에 익은 나쁜 습관이나 편견 없이 소비자의 감각으로 디자인을 시작할 수 있다고 말한다. 또 그는 디자이너들 간에 경쟁을 시키지 않는다. 경쟁이 주는 압박은 좋은 디자인을 만드는 동력이 되기보다 동료들 사이의 불필요한 갈등을 만드는 씨앗이 되기 때문이라고 했다.

"똑같이 자기 아이디어를 제시하고 의견을 말할 권리를 가지고 있어요 경쟁은 하지 않고요. 그런데 신통한 게, 한 사람이 내놓은 작품에 다섯 사람이 의견을 보태면 5년 경력을 쌓은 어떤 디자이너보다 더 훌륭한 작품이 나오기도 하더라는 겁니다."

개별 작업의 영역이라 여기는 디자인에 브레인스토밍을 통한 협업의 효과를 입히는 것이다. 이들이 만들어 출시한 제품이 매장에 걸리고 고객에게 선택될 때, 그것은 다섯 사람 모두의 생각과 노력이 채택되는 것과 같은 기쁨이 된다. 경쟁보다 협력과 상호 배려의 문화가 이뤄 낸 특별한 창조의 기쁨이다.

"팀워크의 재미를 느껴 본 사람들은 혼자만의 독주에 대한 집착이 덜 해요. 서로 믿고 마음을 열고 솔직한 의견을 주고받을 수 있는 마인드. 그것 없이는 불가능하죠."

교육을 통해 마인드의 변화를 경험한 직원들의 감수성이 그걸 가능케 했다. 행동과 의식, 습관의 혁신은 이렇게 삶의 현장에서 일하는 재미와 삶의 멋으로 꽃피우고 있는 것이다. 그리고 이들이 만들어 내는 디자인은 충분히 '의고 스타일'이라 부를 만하다.

나는 나를
넘어선다

Talk Contents

핵심인재 의식고도화 과정의
특별함을 말하다

Talk 1

나는 지금 '이상한 나라'에 들어왔다!

처음 한국표준협회 행동혁신 아카데미에 들어서는 사람들의 표정은 대체로 굳어 있다. 방금 전까지 자신이 속해 있던 일상과는 어딘지 모르게 낯설고 어색한 공기가 감도는 곳. 곳곳에 붙어 있는 '최선!'이라는 구호며, 교육장을 오르는 계단마다 적힌 문구들은 마치 군대에 재입대한 거 아닌가 하는 착각마저 일으킬 정도다. 여성 교육생들은 더욱 상당한 문화적 충격에 휩싸인다.

여기는 대체 어디인가? 일본의 유명한 애니메이션 〈센과 치히로의 행방불명〉에 나오는 숲 속 막다른 길목의 그 기이한 세상으로 가는 입구에 선 듯, 말하는 토끼에 이끌려 '이상한 나라'에 들어서기라도 한 듯, 사람들은 불안한 시선으로 낯선 사람들 틈으로 섞여 들어가게 된다.

이곳은 이미 소문으로 들어 알고 있는 '악명 높은' 체험의 산실이다. 먼저 다녀온 직장의 동료들은 "가 보면 안다"며 의미심장한 웃음만 지을 뿐, 이곳에서 보내게 될 일주일간의 여정에 대해선 구체적인 설명을 생략하기 일쑤였다. 회사에서 보낸 의무교육의 무게감만 아니라면 지금이라도 당장 저 문을 뛰쳐나가고만 싶은 심정들인데 서로 눈치만 살피고 있다.

"반, 갑, 습니다!"

단상에 선 지도위원들이 절도 있는 90도 인사를 한다. 느닷없는 고성에 안 그래도 경직된 사람들은 더욱 얼어붙는다. 교육 일정에 대한 안내가 진행 될수록 마음은 더욱 무거워진다. 외워야 할 건 왜 이리 많고, 소리는 왜 그리

질러야 하는지 도무지 이해하기 어렵다. 내가 그래도 회사에선 부장이고 과장인데, 왜 이런 교육이 필요한 것인지, 나이 어린 동료들 앞에서 당하게 될지 모를 수치심이 미리부터 걱정이다. 이런 교육에 보낸 회사의 의도가 무엇일까 원망스럽기만 하다.

특강을 듣는 건 그래도 낫다. 문제는 온통 움직이고, 걷고, 뛰고, 소리치고, 외우고, 공부해야 하는 것 투성이라는 점이다. 절제된 하루하루의 생활 방식과 반드시 모든 교과목에 대해 '합격 도장'을 받아야만 이곳을 나갈 수 있다는 현실의 중압감 앞에 다들 한숨이 절로 나온다.

'피할 수 없으면 즐기라'는 말에 따라 일단은 따라가 보지만, '왜 이런 교육을 받아야 하는지'에 대한 공감이 거의 없는 상태에서의 불편함과 의구심은 쉬이 사라지지 않는다. 그러니 불쑥불쑥 튀어나오는 내면의 반항심들이 표정과 눈빛 속에 그대로 드러나고 있는 것이다.

이런 개인들의 사정과는 무관하게 프로그램은 일사천리로 진행된다. 이렇게 하루 이틀의 과정을 거치는 동안, 교육생들 사이에서는 하나둘 예상치 못했던 변화의 기류가 생겨나기 시작한다.

도저히 할 수 없을 것 같았던(하고 싶지 않았던) 과제를 한두 가지씩 해낸 후 맛보는 기분은 뜻밖에 경험하는 강한 희열, 그리고 자신감이다. 옆에서 땀 흘리며 노력하는 동료들의 진지한 표정과 아우성에 점차 익숙해져 가는 동안 비로소 자신이 이 자리에서 무엇을 하고 있는가에 대해 이해가 시작되는 것이다.

'해 보자'는 의욕, '할 수 있다'는 열정이 일어나면서 이곳에 들어서던 순간 품었던 의구심은 알 수 없는 도전 의지로 변화되어 간다. 스스로 생각해도 신기할 따름이다.

그리고 마침내 열두 개의 '합격 도장'이 찍히는 순간, 이제껏 한 번도 만나본 적 없는 전혀 다른 종류의 감정에 전율하게 된다. 이미 내 목소리를 잃어버린 쇳소리와 주체할 수 없이 흘러내리는 눈물이 당혹스럽지만, 말로 형언할 수 없는 진한 감동의 의미를 본인만은 알 것 같은 기분이 드는 것이다.

몇 장인지 모를 긴 행동강령들을 암기하고, 평생 질러보지 않은 큰 소리로 발표를 하는 것만으로 어딘가 모를 후련함이 몰려온다. 오래도록 쌓인 마음의 응어리들을 모조리 쏟아낸 것 같은 후련함이다. 이렇게 누구 앞에서라도 당당히 말하고 인사하고 행동하는 자신의 모습은 불과 5일 전에는 상상할 수도 없었던 변화다.

오랜 시간 길들여진 견고한 편견과 관습적인 행동방식에 균열이 생겨났다. 그리고 그 자리에는 잊고 지내던 자신의 본모습이 드러난다. 오래 전 가슴 속에 품었던 꿈과 이상이 새롭게 떠오르고 있는 것이다. 애초 이러한 교육 효과에 대한 확신이 부족했었던 만큼 그 같은 결과는 엄청난 감동과 순수한 감사의 마음을 불러일으킨다.

처음 '이상한 나라'로만 여겨졌던 핵심인재 의식고도화 과정은 이들에게 무슨 짓을 한 걸까? 평범한 직장인이라고 생각했던 사람들을 세상에서 가장 의미 있는 존재로 탈바꿈시킨 힘은 어디로부터 나온 것일까? 여기에 바로 의식고도회 과정 30년의 비결이 들어 있다 해도 과언이 아닐 것이다.

핵심인재 의식고도화 과정에 대한 오해와 진실

교육생들에게 핵심인재 의식고도화의 전 과정은 한마디로 말해 '낯설고도 기이한 역설의 현장'이다. 첫 순간에 가졌던 부정적 시선이 정반대의 인식으로 바뀌는데, 이것은 두 가지 상반된 요소가 작용한 결과다. 하나는 사람들이 품고 있던 완고한 편견, 다른 하나는 그 편견 너머에서 드러나는 '진실'의 영역이다. 교육이 진행되는 동안 이 두 가지 요소의 끝없는 갈등과 대립이 일어난다.

이것은 교육생들의 의식 변화 과정에서 점차 확연히 드러난다. 전자는 처음 입소할 때의 '나'의 상태, 후자는 교육 수료를 통해 재발견된 본래의 '나'라고 할 수 있다. 그런데 알고 보면 의심을 품고 부정하는 것도, 확신을 갖고 긍정하는 것도, 모두 '나'로 시작해서 '나'로 끝나는 '내 안의 변화'다. 이 교육의 목표가 바로 '나'라는 사람, 개개인들에게 맞춰져 있음을 알 수 있다. 그 방향은 두말할 것도 없이 부정적 인식에서 긍정적인 사고로의 변화와 행동의 혁신이다.

이런 의식고도화 교육의 성과를 이해하기 전, 이 교육을 처음 접했을 때 사람들이 갖는 심각한 오해가 있다. 예컨대 이런 것들이다.

첫째는 의식고도화 과정이 획일적이고 강압적인 교육이라는 오해다. 적지 않은 사람들이 의식고도화 과정을 설명할 때 '해병대 병영체험과 비슷한 것'이라고 말하는 것을 적잖이 들을 수 있다. 물론 근거는 있다. 대개의 직장인 대상 교육 과정들이 비교적 느슨하게 진행되는 반면 의식고도화 과정은 상대적으로 타이트한 분위기와 질서 속에서 이루어진다. '친절한 교육서비스'를 강조하는 요즘의 직장인 교육들과 확실히 대비되는 점이 바로 그런 엄격한 규율성이다. 그러나 5일간의 일정을 다 마치고 났을 때, 그런 규율 속에서 반응하는 자기 자신의 변화 과정을 돌아보면 오히려 그 불가피성에 대해 이해하게 된다.

의식고도화 과정의 목적이 '행동혁신'에 있는 이상, 그것은 다분히 의도된 방침이었으며 그로 인해 확실한 '의식의 변화'들이 가능했음을 인식하게 되는 것이다. 이는 자의적이든 타의적이든 일단 '행동'을 변화시켰을 때 발생하는 생각의 변화를 체험한 사람들은 대부분 동의할 수밖에 없는 중요한 포인트다.

두 번째는 의식고도화 과정이 '주입식 교육'이라는 오해다. 인사법이라든가 예절, 행동강령, 정독, 발표력 등 대개의 과목들이 일견 과장돼 보이거나 극단적인 형식의 틀로서 제시되고 있기 때문일 것이다. 또 장문의 강령 능을 반드시 암기해야만 과정 이수가 되는 점은 예전 학교 교육을 통해 느껴지던 답답한 주입식 교수법을 연상케 하기도 한다.

하지만 중요한 것은 내용이다. 목청껏 외쳐가며 외우고 그 과정을 반복하면서, 교육생들은 대수롭지 않아 보이던 그 한마디 한마디의 경구에 대해 생각하고 느끼며 받아들이게 된다. 이미 다 알고 있었다고 생각한 오래된 삶의 규율들. 그래서 어느 순간부터 놓치고 살았던 의미들에 대해 새삼스런 깨우침을 얻게 되는 것이다.

그 결과는 행동의 변화로 이어진다. 본인이 먼저 다가가 인사를 건네고, 일상의 게으름을 떨치기 위한 실천 방안을 스스로 생각해서 정하게 된다. 주어진 일만 처리하기 급급했던 회사 생활에서 스스로의 비전과 목표를 가진 주도적인 인물이 되기 위해 노력하게 된다.

이런 모습은 처음에는 기대하지 않았던 변화다. 이것은 대단한 역설이다. 낡은 주입식 교육의 형태라 여겼던 과정의 결과가 능동적이고 진취적인 삶의 방향으로 스스로를 이끌고 있으니 말이다.

세 번째는 '일방적'이라는 편견이다. 앞선 두 가지 문제와 비슷한 맥락에서 일어나는 반응인데, 종국에는 의식고도화 교육이 그 어떤 교육 과정보다 상호 간의 소통을 핵심으로 한다는 걸 이해하게 된다.

일례로, 이 교육을 받은 사람들은 자신의 내면에 대한 이야기를 허심탄회하게 털어놓는 경험을 하게 된다. 가정에서, 직장에서, 자신이 살아가는 모습을 돌아보고 과연 무엇이 문제였는지, 왜 그랬는지, 그래서 어떻게 바꿀 것인지에 대한 자기 이야기를 동료들 앞에서 솔직하게 드러내게 되는 것이다.

이 또한 엄청난 '사건'이 아닐 수 없다. 어른이 되어 사회생활에 익숙해질수록 웬만하면 타인에게 진솔한 자기 이야기를 드러내는 경우가 거의 없다. 그것이 일반적인 성인의 특징이다. 모든 직장에서 소통의 중요성과 오픈 마인드를 강조하고 그것을 주제로 한 워크숍까지 마련해도, 내밀한 자신의 진짜 모습을 드러내는 일은 좀처럼 일어나지 않았다. 본인의 모습을 드러내지 말아야 한다는 강한 방어가 있기 때문이다. 세상으로부터 스스로를 방어하기 위해 마지막까지 지켜야 할 견고한 선이 있는 것이다.

특히 자신의 약함이나 부정적인 부분일수록 절대 들키지 말아야 할 '비밀의 방'에 꼭꼭 숨겨 두게 된다. 다양한 인간관계 속에서 상처받지 않기 위한 선택이다.

그런데 의식고도화 과정에서 그 빗장이 열려 버린다. 그 모든 두려움과 불안, 부끄러움을 내던지고 솔직하게 자기 자신의 모습을 마주할 수 있게 된다. 이것은 교육생들이 이구동성으로 털어놓는 '가장 인상 깊은' 대목이며, 의식고도화 교육이 갖는 특별함이다.

이렇게까지 솔직한 소통의 장은 흔치 않다. 상대에 대한 깊은 신뢰와 용기 없이는 불가능한 일이다. 의식고도화 과정이 지극히 상호적이고 소통 지향적인 교육이라는 건 이것 한 가지만으로도 충분히 입증되고도 남는다.

마지막으로 짚어볼 수 있는 편견은 어딘가 '구시대적'이라는 이미지다. 의식고도화 과정 30년의 시간을 두고 걸어오는 동안 세상은 엄청나게 달라졌다. 30년 전 이 교육에 처음 참가한 사람의 2세가 지금 직장인이 되어 이곳에 들어오고 있으니 말이다.

이들 새로운 세대의 감수성과 소통 방식은 이전 세대와는 확실히 다르다. 글로벌한 세상의 자유로운 문화와 스마트한 생활 방식에 익숙해 있기에, 그들이 의식고도화 과정에 대해 느끼는 이질감의 이유는 상당 부분 당연한 결과이기도 하다.

물론 의식고도화 과정이 30년 동안 고정된 정체의 시간이었던 것은 아니다. 꾸준한 성장과 세상이 바뀌는 만큼의 진화 과정이 이어져 왔다. 그럼에도 불구하고 참가자들이 문화적 이질감을 느낄 수밖에 없는 건 이 교육이 목적하는 바의 특성과 연관된다.

과감한 행동력의 고양을 통해 의식의 변화를 이루고, 자기 성찰적 경험을 하는 과정은 '트렌디한' 요소들과는 어느 정도 거리가 있다. 그것은 고려해야 할 조건의 영역일 뿐이다. 변화무쌍한 시대의 변화에도 불구하고 변하지 않는 삶의 본질적 요소를 다루는 교육이라면, 오히려 더 철저히 근본을 물고 늘어지는 게 옳다.

사람들로 하여금 호감을 불러일으키는 유머 코드나 누구나 열광할 수 있는 유명인의 등장, 그 밖에 뭔가 21세기에 걸맞은 세련된 느낌의 장치들을 고민하는 것도 필요하다. 그러나 그보다 더 중요한 건, 진지하게 삶의 의미를 묻고 자신의 가치를 스스로 돌아보는 일을 놓치지 않도록 고민하는 일이다. 그에 적합한 양식을 고민하고 기획하는 것, 그것이 핵심이다.

처음엔 설령 '낡은 이미지'로 다가가거나, 그로 인해 더욱 부정적인 인상을 주게 되더라도 프로그램 자체가 갖는 힘이 분명히 있고, 그 가치가 확실하다면 오래지 않아 '그래서 더 의미가 있는' 교육으로 받아들여질 수도 있는 것이다.

물론 교육을 마쳤다고 해서 모든 사람에게 이 모든 편견이 완벽하게 다 해소될 수는 없다. 교육생들이 남긴 피드백을 보면 완전한 생각의 전환이 이루어진 사람도 있고 그렇지 않은 사람들도 있다. 혹은 큰 틀에서는 이 교육의 가치를 긍정하면서도 또 다른 방식의 의견을 제안해 주는 사람들도 있다. 사실 이 모든 반응들은 모두 다 감사한 일이다. 스스럼없이 자기 느낌과 생각을 전해 주는 그 마음까지 포함하여 의식고도화 과정의 성공적인 효과라고 볼 수 있는 것이다.

그렇다면 왜 이런 인식의 차이가 발생할까? 그 답은 '완전하게 내 자신을 내려놓았는가?'에 달려 있다. 자신을 온전히 내려놓고 일단 부딪쳐 보기로 마음먹은 사람은 예상을 뛰어 넘는 변화의 과정을 경험하고 생각과 행동의 전환을 성과로서 가져간다. 기존에 형성된 나의 모든 판단 기준과 생각들을 일단 스톱해 두고, 행동에 돌입해 본 사람, 그런 사람들만이 '낯설고 기이한 역설'의 의미를 비로소 이해하게 되는 것이다.

반면 여전히 부정적인 마음과 의심의 끈을 놓지 않은 채 5일간을 '버틸 뿐'이라면, 설령 12개의 '합격 도장'을 다 받았다 하더라도 그 자신이 체득하는 교육의 의미는 극히 제한적일 수밖에 없다. 결국 교육에 임하는 당사자가 어떤 선택을 하는가에 달린 결과다. 그리고 이것은 아주 중요한 차이다.

핵심인재는 누구인가?

과연 어떤 조건과 역량을 갖춘 사람을 핵심인재라고 부르는 것일까?

보통 직장 생활을 하는 데 있어 핵심인재란 전문적 업무역량과 열정, 소통능력, 리더십을 겸비한 사람들을 일컬을 때 사용하는 말이다. 수치상으로는 조직 내 20% 안에 드는 소수 집단이 이에 해당하는 것으로 나타난다.

이와 관련해 전국경제인연합회 국제경영원이 직장인들을 대상으로 설문 조사를 한 적이 있는데, 그 결과 핵심인재에 대한 기준은 크게 3가지로 제시되고 있었다.

첫 번째는 회사의 미래 비전과 전략을 실현할 수 있는 사람이다. 회사는 조직의 미래 전망과 시장 트렌드를 읽는 눈을 가진 인재를 필요로 한다. 세상이 변화하는 방향을 이해하고 그 흐름에 민감한 사람만이 미래를 정확히 예측할 수 있다. 또한 그에 발맞춰 회사의 비전을 계획할 수 있는 것이다. 나아가 그 계획을 실제로 추진해 나갈 수 있는 실행 능력까지 갖추고 있다면 핵심인재의 확실한 기준에 부합한다고 볼 수 있다.

두 번째 요건은 리더십이다. 이는 팀원들의 각기 다른 의견을 모으고 수렴하여 바람직한 방향으로 이끌어 나갈 수 있는 힘인데, 최근 들어 그 중요성이 더욱 강조되고 있는 부분이다. 유능한 한 개인의 능력이 전체를 리드하던 시대에서 이제는 네트워크형 업무 방식으로 변화되어 나가는 추세인 만큼 팀원과의 원활한 의사소통과 합리적인 의견 조율 능력은 핵심인재로서 갖춰야 할 중요한 포인트다.

세 번째는 혁신의식을 갖고 변화에 능동적으로 대응하는 능력이다. 혁신과 도전의식 없이 늘 하던 방식으로 일을 한다면 큰 이익도 없지만 큰 손해도 없다. 얼핏 '가장 안전한' 선택으로 보일 수 있다. 사실상 대다수의 직장인들이 이런 행동 방식에 젖어 있는 것이 사실이기도 하다. 그러나 미래의 장기적 발전을 염두에 두고 볼 때, 이런 사람은 결국 변화의 흐름에서 도태하게 되어 있다. 실패를 맛보더라도 혁신적 의지로 끝없이 도전하고 변화를 창조하고자 하는 사람만이 조직의 발전적인 성장을 도모하고 세상을 이끌어 갈 수 있다.

이런 기준에서 스스로의 현재 상태를 체크해 볼 수 있다. 아마도 스스로를 핵심인재라고 자신 있게 말할 수 있는 사람은 그리 많지 않을 것이다. 그래서 조직 내 핵심인재 그룹의 비율이 대체로 20% 이내로 제한될 수밖에 없고, 인재는 평범한 다수 가운데서 걸러지는 소수 엘리트 인자들로 이해되는 것이다.

그러나 분명한 사실은, 처음부터 핵심인재로 태어나는 사람은 없다는 것이다. 핵심인재로 '성장했는가'만이 있을 뿐이다. 각자의 내면에 잠겨있는 가능성과 잠재력을 얼마나 제대로 발현하고 실현하느냐의 차이다. 이 점이 바로 모든 평범한 직장인들에게 핵심인재 의식고도화 과정이 필요한 중요한 이유이기도 하다.

핵심인재 의식고도화 과정이라는 말에서도 알 수 있듯이, 이 교육 과정의 궁극적 목적은 참가하는 모든 사람들이 핵심인재로서의 소양과 자질을 발견하고 기르게 하는 것에 있다. 이것은 참가자들 개인이 어떤 업무에 종사하고 있는지, 어떤 직위에 있는지와는 전혀 무관한 개념이다.

핵심인재 의식고도화 과정 30년의 경험이 말해 주는 한 가지 진실은, '모든 직장인은 핵심인재가 될 수 있다'는 믿음이다. 그 근거는 '생각이 바뀌면 행동이 바뀌고, 행동이 바뀌면 습관이 바뀌며, 나아가 운명도 바뀔 수 있다'는 모토를 실제 현실 속에서 몸으로 보여준 수많은 교육 수료생들에게서 찾을 수 있다.

특정 기능이나 고도의 전문지식을 요하는 분야가 아닌 한, 모든 사람들은 각자의 내재된 가능성을 품고 살아가는 존재들이다. 자신의 가능성과 열정을 확인하고, 그것을 현실 속에서 실현해 나가기 위한 집중 훈련이 의식 고도화 5일간의 여정 속에 담겨 있다. 이러한 교육 효과를 가능케 하는 데는 30년 역사의 노하우가 있다. 교육의 전 과정은 과목별 심사를 통한 합격제를 실시하는데, 미 수료 시 '될 때까지' 재도전하는 것이 원칙이다.

이 교육은 신입 사원에서부터 회사의 임원까지, 일체의 경력과 지위를 막론한 전 직장인을 대상으로 한다. 이것은 '핵심인재'가 직장의 소수 그룹에게만 요구되는 가치가 아니라, 자신의 삶을 운영해 가는 모든 주체들이 핵심인재가 되어야 한다는 생각이 반영된 것이기도 하다.

멘탈 교육에 힐링을 접맥한 인재 교육

의식고도화 과정은 기본적으로 3가지의 속성을 기반으로 운영된다.

첫째는 이질적 환경과의 대결이다. 참가자들은 지금까지 경험한 것과는 전혀 다른 문화와 교육 환경에 투입되는데, 과정이 종료될 때까지는 어떻게든 이러한 환경에 자기 자신을 적응시켜 가는 노력을 하게 된다. 익숙하지 않은 이질적 환경에 대한 적응 능력을 키우는 것이다.

둘째는 한계 상황을 최대한 활용하도록 하는 환경이다. 아웃도어 활동을 비롯해서 참가자들은 자신이 해왔던 활동을 벗어나는 극한의 상황에 놓이게 되는데, 그 상황을 극복하기 위해서는 스스로의 판단력과 결단력, 인내력을 포함한 자기관리 기법을 익혀야 한다.

셋째는 학습의 수용적 촉진이다. 의식고도화 훈련은 한계 상황 중에 놓인 자신을 이해하고 그것을 뛰어넘을 수 있는 힘을 기르는 훈련이다. 그 체험 속에서 교육생들은 자주적이고 주체적인 행동양식을 찾아가게 된다. 교육의 모든 과정이 본질적으로 주체적 참여를 원칙으로 하는 학습으로 이루어진다. 자기가 놓인 위치에서 스스로에게 도움이 될 수 있는 교훈과 원칙, 지혜를 끌어내야 한다. 이 과정은 태도의 개방성과 수용성을 기르게 한다.

의식고도화 과정은 '교육'의 틀을 갖고 있으면서도 '힐링'의 특성을 가지고 있다. 전 과정을 통틀어 참가자들은 성찰과 마인드의 변화를 경험한다.

많은 사람들이 의식고도화 과정에 대해 '있는 그대로의 자기 자신을 만나는 시간'이라는 말을 한다. 산사나 전문 명상센터가 아닌 곳에서 이 같은 경험이 가능하다는 사실에 참가자들은 적잖이 놀란다. '내려놓기'의 개념을 직장인 교육 과정에서 접하는 것도 의외의 경험이다.

'나의 각오'나 '발표력', '3분 스피치' 등의 과목은 일종의 자기 고백적 성격을 갖는 프로그램이다. 자신의 단점이나 잘못을 인식하고 반성하며, 이것을 솔직하게 털어놓게 된다. 여기에는 부끄러움이나 수치심, 비난의 두려움을 이겨내는 용기가 필요하다.

이런 고백 행위의 효과는 일종의 카타르시스 작용으로 이어진다. 자기 문제를 고백함으로써 일정하게 '규정된 수용'을 얻게 되는 것이다. 있는 그대로의 자기 모습을 인정하고 받아들인다는 뜻이다. 이 '규정된 수용성'이 개인이 의식하고 있는 두려움과 죄책감을 감소시켜 줄 뿐만 아니라 객관화시켜 주는 작용을 한다.

수용, 즉 인정하고 받아들이는 행위는 인간을 근본적으로 변화시킬 수 있는 출발점이 된다. 더불어 그 한 단계 밑에 깔려 있는 '바람직한' 태도를 행동으로 표면화할 수 있도록 돕는다. 행동의 변화가 촉발되는 것이다.

물론 이렇게 되기까지는 일정한 내면적 저항이 따르게 된다. 사람에게는 변화를 기피하려는 본능이 있기 때문이다. 아마도 교육 과정 중 가장 어렵고 피하고 싶었던 대목을 꼽으라면 대부분 이 부분을 지목할 것이 분명하다.

그러나 교육 과정에 참여하는 한, 이것은 선택이 아닌 필수 사항이다. 일부 원하는 사람만 하는 것이 아니라 참가하는 모든 사람들에게 의무적으로

부여되는 과제다. 한편 자기 고백적 성찰을 '모두 함께' 하게 된다는 점은 참가자들의 심리적 저항을 완화하고 해제하는 데도 상당한 작용을 한다.

여기에서 반드시 지켜져야 할 또 하나의 중요한 전제가 있다. 고백된 내용에 대해서는 서로 아무런 가치 판단을 하지 않아야 한다는 것이다. 그저 진지하게 청취하는 수용의 자세만이 필요할 뿐이다. 이런 합의와 장치 없이 정서적으로 안전한 고백 행위는 일어나지 못한다.

의식고도화 과정에서 이루어지는 자기 고백은 매우 다양한 측면에 걸쳐 일어난다. 자신의 성격적인 문제나 습관의 문제, 직업적 능력과 관련된 태도 전반에 걸친 자기 반성이 일어난다는 뜻이다. 이미 사회적 지위가 일정하게 갖추어진 성인들에게 이것은 결코 쉽지 않은 일이다. 자신의 단점이나 못난 점, 고쳐야 할 점을 드러내 놓고 말한다는 건 아주 드물고도 특수한 경험이 아닐 수 없다.

성찰 이후에는 결심과 다짐의 시간이 온다. 이를 통해서 인간은 약했던 자신의 의지를 다지고 신념을 강화하게 된다. 잘못을 고치겠다는 결심뿐 아니라 '반드시 해내겠다'는 의지를 작동시켜 내재되어 있던 잠재 능력을 이끌어 낼 수 있게 되는 것이다.

모든 변화의 출발은 현재 모습에 대한 객관적이고 냉정한 분석이다. 의식고도화 교육은 '내려놓기'와 있는 그대로의 나를 '바라보기'를 통한 자기 분석을 시도한다. 모든 관성적 행동과 고집을 내려놓고 있는 그대로의 나를 바라봄으로써 변화의 이유를 찾는다. 이런 학습 과정은 그 자체로 변화와 혁신을 가능케 하는 출발점이 되고 있다.

정확한 진단을 해야 그에 맞는 처방이 나오듯이, 분석된 자신의 모습을 알아야 어떤 방향으로의 개선이 필요한지도 알게 된다. 변화의 동력을 자기 내부에서 찾는 것이다. 권위를 가진 누군가의 지시가 아닌 스스로의 결의와 다짐이기에 그 동력은 더욱 크고 확고하다. 주체적인 인간의 자유 의지는 타율에 의한 그것에 비해 엄청난 힘을 발휘한다.

모든 교육의 효과는 '이전'과 '이후'가 어떻게 다른가에 따라 그 가치가 인정된다. 의식고도화 과정은 수료 이후 현업에 돌아갔을 때 뚜렷한 교육적 효과를 발휘하게 되는데, 할 수 있다는 자신감과 긍정적 마인드로의 변화는 이 교육을 경험한 대다수가 말하는 긍정적 성과다.

무엇보다 일에 대한 태도가 달라진다. 의식이 고도화된 상태의 사람과 그렇지 않은 사람의 차이는 현장에서 뚜렷이 다르게 나타난다. 예전엔 주로 '안 되는 이유'를 찾았다면, 이제는 '될 수 있는 방법'을 찾게 된다. 할 수 있는 최대의 결과를 달성하기 위한 자발적인 노력을 하게 되는 것이다. 그것이 바로 '최선'의 정신이다.

또 하나의 차이는 세상에 대한 시각이 달라진다는 점이다. 삶의 목표가 생기고 그 목표를 향해 전진해 나갈 수 있는 열정과 자신감이 있을 때, 무의미해 보이던 모든 일들이 새로운 생명력으로 재탄생하게 된다. 출근하고, 일하고, 만나는 모든 일상이 새로운 의미로 다가오게 된다. 가령, '아침 출근길이 즐거워지는 경험'은 예전엔 거의 기대할 수 없었다.

'출근만 하면 무기력해지는' 직장인 우울증이 10명 중 7명꼴이라는 한 조사 기관의 발표가 있었다. 전체 직장인 가운데 70%가 '회사 우울증'을 앓고 있는 현실에서 즐거운 출근길을 경험하게 된다는 건 상당한 의미를 갖는 일이다.

회사 업무에 대해 열정과 의욕이 생겨나고 자신감이 넘치게 되는 변화는 이들이 속해 있는 기업 발전에 도움이 된다. 현실을 대하는 직원들의 마음 자세가 달라짐으로써 업무 효율까지 높아지고 있기 때문이다.

국제기능올림픽 선수단의 마무리 훈련은 의식고도화 과정으로!

핵심인재 의식고도화 과정에는 일반 기업들만이 아니라 국제기능올림픽 출전을 앞둔 국가대표 선수들도 참여한다. 국제 무대에서 기량을 떨치기 직전 선수들의 훈련 마무리를 의식고도화 과정으로 한다는 것은 매우 상징성이 크다. 이 교육이 가지고 있는 멘탈 교육적 성격과 연관된다. 선수들이 신체적, 정신적 안정과 자신감으로 최선의 기량을 펼치기 위해 최종적으로 마무리 프로그램을 무엇으로 정할 것인가는 상당히 중요한 문제다.

2년에 한 번 열리는 국제기능올림픽은 전 세계 청년 기능인이 모여 직업 기능을 겨루는 국제대회이다. 우리나라는 1967년부터 대회에 참여하기 시작해 지금까지 열여덟 차례의 '종합 우승'을 차지한 바 있다. 총 42개 종목의 선수들은 치열한 지역예선을 뚫고 올라온 국내 1인자들로서 대한민국의 산업 발전을 이끌어 갈 핵심 역량들이다. 기능올림픽 선수들은 구체적인 시뮬레이션을 통해 고도화된 집중력 훈련을 실시한다. 그리고 최악의 상황에서도 고도의 집중력을 발휘할 수 있는 정신력을 의식고도화 과정을 통해 훈련하고 있다.

지금껏 모두 세 차례에 걸쳐 출전 선수들이 의식고도화 과정을 수료하고 나갔다. 교육을 마친 선수들은 이곳에서 발대식을 하고 5박 6일의 수료 과정을 마무리한다. 이 기간 안에 수료를 못한 선수는 연장해서 끝까지 수료하도록 하고 있다.

이곳에 입소한 선수들은 각 담당자들이 지도위원들과 함께 밀착하여 교육 과정을 함께 지켜본다. 이들의 입소 목적에 맞는 특별 강의도 준비된다. 강사들은 대체로 이들의 선배 기능명장들이다. 그들이 명장으로 성장하게 된 스토리와 출전 사례, 출전 선수들을 위한 당부의 말은 중요한 경기를 앞둔 선수들을 위한 중요한 메시지로서 깊은 울림을 전한다.

이렇게 최종적으로 훈련 일정을 마친 선수들이 출국할 때면 의식고도화 과정 지도위원들이 인천공항에서 현수막과 힘찬 박수로 그들을 격려한다. 일주일간 함께한 특별한 인연에 대한 뜨거운 응원이다.

대회를 마치면 각 종목별 우승과 종합 우승 소식이 선수들의 카카오톡을 통해 전해진다. 언론보다 한 발 앞선 낭보는 그들의 최종 훈련을 책임졌던 지도위원들에게는 무엇보다 큰 기쁨이다. 대한민국의 기술력을 국제 무대에서 떨친 선수들의 성과가 의식고도화 훈련의 가치를 다시금 확인케 하는 보람이기도 하다.

의식고도화 과정이 주는 특별한 선물

의식고도화 과정은 근본적으로 마음 치유의 성격을 갖는다. 치유를 위한 상태 진단이 있고 그에 기반한 자기 처방이 나온다. 모든 과정마다 행동

혁신이 두드러진 것이 특징이지만 결국 교육적 관심이 집중되는 부분은 가치관과 마음의 문제로 향할 수밖에 없다.

대부분의 교육생들이 마지막 날 심사 과정에서 눈물을 터뜨리는 것을 볼 수 있다. 사회생활에 이미 익숙해진 성인이, 그것도 직장에서 보낸 교육에 참가해서 울기까지 하리라고는 아무도 상상하지 않는다.

왜 울게 되는 걸까? 소감문을 통해 사람들이 밝히는 이유는 '내가 누구인가?' 하는 물음 앞에서 '알 수 없는 감정의 복받침'을 경험하기 때문이란다. 잊고 지내던 자신의 본래 모습과 숨겨졌던 내면의 열정을 마주친 결과다.

사회생활을 하면서 '불가능하다'고, '할 수 없다'고 지레 포기하고 있던 많은 가능성들에 대한 회한과 반성이 일어난다. 또한 마음속에 단단히 뭉친 부정의 감정과 패배의식의 응어리들을 시원하게 풀어내 버림으로써 다시금 삶의 의욕과 자신감을 회복하게 된다. 눈물을 흘리면서도 불쾌하거나 아프지 않은 것은 그것이 부정의 감정이 아니라 긍정의 감정, 되찾은 희망의 결과이기 때문이다.

도저히 할 수 없을 것 같았던 상당량의 암기 과제를 해내고 있는 자신을 발견했을 때, 죽을 것 같은 공포를 떨치고 높은 곳에서 뛰어내렸을 때, 큰 소리로 자신의 내면을 털어놓았을 때, 그 과정 속에서 강렬한 카타르시스를 경험한다.

눈물 이후에 '후련하다'는 감정을 느끼면서 동시에 세상을 보는 긍정적인 눈과 자신감이 생겨난다. '다시 태어난 듯한' 기분을 느끼게 되는 것이다. 그렇게 하여 모든 것은 나로부터 출발한다는 사실 하나는 확실하게 경험하게 된다. 가정에서, 회사에서, 사람 관계에서, 내 모습대로 내 본성대로 살아가는 사람이 되리라는 의지가 생겨난다.

결과적으로 의식고도화 과정은 회사를 위한 교육이 아니라 철저하게 '나 자신'을 위한 교육이었음을 알게 된다. 그간 자신의 발전을 가로막았던 자기합리화, 용기 없음, 비겁함의 원인이 다른 외부가 아닌 자기 자신에게 있었다는 것을 알게 된다. 그리고 이제는 뭐든 할 수 있을 것 같은 마음의 결의가 생겨나는 것이다.

이것이 회사로 돌아갔을 때에도 연속되느냐는 또 다른 문제다. 언제든 예전의 자신으로 돌아갈 수도 있고, 여전히 잘못된 관행이 되풀이될 수도 있다. 다만, 의식고도화를 통해 한계를 이겨낼 수 있었던 경험이 '자기극복'의 샘플로서 남겨진다는 것이 중요하다. 한 번 이겨낸 사람은 그 다음에도 이길 수 있다. 이길 수 있는 방법을 스스로가 이미 알고 있기 때문이다.

Talk 2

나를 바꾸는
5일간의 드라마

의식-행동-습관을 혁신하는 원리

인재교육원의 아침은 풍요로운 자연의 은총 속에서 시작된다. 울창한 숲 속에 고요히 깨어나는 초록의 공기, 산새들의 유쾌한 지저귐은 틀에 박혀 있던 일상의 건조함과는 전혀 다른 감흥으로 하루를 열게 해준다. 전체 조회와 명상, 그리고 자기 생활 주변을 정결하게 하는 청소가 끝나면 고요한 명상으로 마음을 정돈한다. 그렇게 정돈된 몸과 마음으로 본격적인 하루 일정이 시작된다.

'행동이 변하면 생각이 바뀌고, 생각이 바뀌면 운명이 바뀐다.'

이 말은 의식고도화 과정의 '정독'에 가장 먼저 나오는 대목이다. 모든 변화의 동력을 '행동'의 변화에서 시작하기를 권하는 것이다. 왜 이런 것을 해야 하는지, 그게 어떤 의미가 있을지 의문이 생기더라도 '일단 실행해 보기'를 강조하는 이유가 거기 있다.

'행복해서 웃는 게 아니라 웃어서 행복합니다'라는 말이 있다. 웃음은 행복한 감정의 결과이지만 의도적으로 얼굴에 웃음을 띄워 올렸을 때에도 행복한 감정 상태와 동일한 효과가 일어난다고 한다. 웃을 때의 얼굴 근육 움직임이 거꾸로 두뇌의 행복감을 자극하는 결과를 초래하니, 억지웃음이라도 자꾸 웃으면 행복 에너지도 그만큼 올라가는 것이다.

어떤 생각을 하느냐가 어떤 행동을 하는지를 규정하지만, 때론 행동이 사고 변화의 시작을 이루기도 한다. 긍정적이고 자신감 있는 행동이 내면의 열정과 긍정적 사고를 만들어 내기도 하는 것이다. 진취적 행동력을 숙달함

으로써 습관과 적극적 사고를 고취시키고, 조직의 목표와 개인의 발전을 위해서 지침으로 활용케 하는 훈련이 의식고도화의 전 과정에서 이루어진다.

행동 혁신이 의식의 혁신과 긴밀히 연동되고, 다시 혁신적인 의지가 행동의 역동성을 강화하는 관계는 매우 중요한 변화의 원리를 담아내고 있다. 나아가 이렇게 변화된 사고와 행동을 삶의 습관으로 정착시키는 것이 개인의 성장과 삶의 혁신이다. 그 목적을 인식하고 들어왔든 그렇지 않든, 의식고도화 과정에 들어온 모든 참가자들의 최종 목적은 혁신적인 삶의 변화다.

그런데 이 혁신이라는 말의 의미는 정확히 무엇일까? 변화와 혁신에 대해 세상엔 너무나 많은 이론들이 있지만 피상적이고 당위적인 차원에서만 사고하는 경우가 대부분이다. 목표가 혁신에 있다면, 무엇이 혁신인가에 대한 이해는 필수적이다.

케인스와 더불어 20세기 전반의 대표적 경제학자로 알려진 슘페터는 '관행의 궤도에서 벗어나 새로운 시도를 통해 비연속적 발전을 가져오는 창조적 파괴의 과정'을 혁신으로 정의했다. 낡은 사고와 체계를 고쳐 새롭게 하는 일이 곧 혁신이라는 것이다.

최근 들어 유독 혁신의 의미가 유행처럼 강조되고 있는 것처럼 보이지만, 이는 갑자기 생겨난 말은 아니다. 오히려 오랜 역사에 걸쳐 인류를 전진시켜 온 근본 동력이 혁신의 힘이었다. 지금 사회 곳곳에서 혁신의 깃발이 난무하고 있다는 사실은 그만큼 혁신 없는 생존 자체가 불가능해진 환경의 절박함을 웅변해 줄 뿐이다.

모든 혁신 이론들이 말하듯, 혁신은 파괴에서 시작한다. '행동의 혁신'은 이전의 낡고 잘못된 행동을 파괴하는 데서부터 시작되고, 의식의 혁신은 이전의 낡은 사고를 해체하는 데서부터 시작한다. 그렇다면 이전의 '낡은 것', '잘못된 것'이 무엇인가를 이해하는 데서 혁신은 출발할 수 있다.

세상의 모든 혁신은 익숙한 것으로부터의 결별에서 시작된다. 이전의 잘못된 생각과 가치, 관행을 버리고 새로운 가치를 찾는 창조적 변화의 과정이 혁신이다. 개인이든 조직이든 너무 익숙해 있어서 무감각한 부분들, 그것들과 결별할 줄 알아야 비로소 혁신의 실마리는 풀리게 된다. 또한 혁신은 이제 해도 되고 안 해도 되는 선택적 수단이 아니다. 지금처럼 급변하는 시대에는 혁신 이외에 다른 방법을 통해 경쟁력을 높일 수가 없기 때문이다.

또한 혁신은 자기 극복과 자기 절제의 과정이다. 사회적 차원이든 개인의 차원이든 혁신이 시작되는 곳에서는 대개 불편하고 어려운 상황이 닥쳐오게 마련이다. 혁신하고자 하는 곳에서는 그만큼 혁신에 반하는 저항도 만만치 않다. 새로운 가치를 창출해 내는 건 희생과 고통이 수반되기 때문이다. 혁신이 필요한 만큼 혁신을 가로막는 갖가지 핑계와 이유도 거세게 일어난다. 그 대립에서 어떤 길을 선택할 것인가는 전적으로 자신의 몫이다.

분명한 건, 늘 해오던 대로 편안한 것만을 추구하는 조직에게 발전적인 미래는 없다는 사실이다. 변화하는 환경, 미래의 새로운 가치를 찾아서 종전의 익숙한 것들과 결별할 수 있는 용기와 도전정신이 있어야만 그 조직은 혁신의 길로 나갈 수 있다.

하나의 국가나 기업 조직에서는 물론, 개인 차원에서도 혁신은 필요하다. 혁신은 자기의 가치를 높여 각자가 가지고 있는 꿈과 희망을 이루기 위한 수단이기 때문이다. 개인의 혁신 없는 조직의 혁신은 없다.

또 세상 모든 혁신은 속성상 자발성과 능동성을 특징으로 한다는 사실이다. 누가 시켜서 하는 강제적인 혁신이란 세상에 없다. 그럴 경우엔 가짜 혁신이 될 뿐이다. 오직 스스로의 의지와 판단과 선택에 의해서만 혁신은 이루어진다. 남이 아닌 나 자신으로부터의 혁신, 밖으로부터가 아닌 안으로부터의 혁신이다. 이 작은 파동들이 모여 세상이라는 큰 호수를 물결치게 만드는 변화의 동력이 된다.

스스로의 의지에 따라 일하는 사람은 일이 두렵거나 권태롭지 않다. 또한

난관에 부딪쳤을 때 포기하고 물러서는 대신 적극적으로 해결의 방법을 찾아 뛰어다닌다. 이 모든 과정이 온전히 '내 일'이기 때문이다.

흔히 성공하는 사람들의 특징 가운데 하나가 '일을 즐길 줄 아는 것'이라고 한다. 영국의 작가 존 러스킨은 이렇게 말했다. '우리의 노력에 대한 가장 값진 보상은 노력 끝에 얻어지는 그 무엇이 아니라 그 과정에서 만들어지는 우리 자신의 모습이다'라고. 변화와 성장의 과정을 즐기는 것이 진정한 혁신의 보상이라는 의미다.

의무감에서 일을 한다면 그럭저럭 선방은 하겠지만 그 이상을 기대할 수는 없다. 능동적으로 자신의 일을 즐기는 사람만이 결과 이상의 열매를 누릴 수 있다.

또한 긍정적으로 일을 즐기는 주변엔 항상 사람이 있다. 즐겁고 유쾌한 에너지의 자장(磁場)이 끌어들이는 현상이다. 긍정적 에너지로 즐겁게 일하는 사람이라면 당연히 성공할 가능성도 클 수밖에 없다.

의식고도화의 길잡이, 지도위원 양성 이야기

지도위원은 '최선'의 샘플이다

어느 기업의 대표는 직원들을 의식고도화 과정에 보내면서 이런 말을 했다고 한다.

> "다른 건 다 필요 없어. 가서 거기 지도위원님들이 어떻게 하고 있는
> 가만 보고 배워도 본전은 뽑아. 그 사람들처럼 할 수만 있다면 교육
> 은 성공이야."

지도위원들로서 세상에서 들을 수 있는 최고의 찬사다. 단순히 칭찬의 대상이 되었다는 의미만이 아니라 그 정도로 의식고도화 과정을 잘 이끌 수 있다는 확인이 되기 때문이다.

사실상 의식고도화 과정에서 지도위원들의 존재는 교육의 성패를 좌우할 만큼 큰 의미를 가진다. 지도위원 본인이 먼저 의식고도화의 전 과정을 체화함으로써 스스로 의식고도화 과정의 롤모델이 되어야 한다.

지도위원의 기본 역할은 교육생들로 하여금 능동적이고 자발적으로 문제를 바로 보도록 돕는 것이다. 교육생들에게 생각의 방향을 제시하고 환기시켜 주는 문제 제기자, 변화 촉진자가 된다는 것을 의미한다. 권위적이고 위압적으로 뭔가를 지시하고 가르치려 하는 건 의식고도화 과정의 진정한 목표와도 맞지 않는 일이다. 따라서 교육이 진행되는 동안 지도위원들은 최대한 자신을 낮추며 스스로 최선의 본보기가 될 수 있도록 노력하고 있다.

지도위원들은 교육생들에게 무엇이 문제인지를 먼저 지적하거나 무엇을 고치라는 식의 충고를 하지 않는다. 그렇게 해서는 교육생들의 반감만 불러올 뿐, 올바른 안내자로서의 역할을 할 수 없기 때문이다.

교육원에 들어오는 사람들은 매우 다양한 연령과 다양한 직종에 종사하는 사람들이다. 이들을 대상으로 정해진 기간 내에 의식고도화 교육의 목표를 달성하는 일은 웬만한 내공과 정신력으로는 감당하기 어려운 일이다. 열린 자세로 한 사람 한 사람의 교육생들을 대하고 부단히 학습하고 스스로를 돌아봐야 한다.

교육 과정을 시작할 때 지도위원들이 처음 대면해야 하는 난관은 대부분의 사람들이 느끼게 되는 '생소함'과 '거부심리'다. 앞서 얘기했듯 이것은 매우 자연스럽고 당연한 현상으로서 결코 비난의 대상이 될 수 없다. 최대한 교육생들의 마음을 있는 그대로 읽어내면서 서서히 그 마음의 문을 열고 교육 과정을 받아들이도록 안내해야 한다. 이런 역할을 제대로 수행하는 것이 지도위원이 갖춰야 할 요건이자 중요한 능력이다.

특정 직종의 직무 능력을 강화하는 직장인 교육과는 달리, 이 교육은 기본적으로 마인드 교육이라는 특징을 갖고 있다. 사람의 의지와 마음을 다루는 일이다. 그것도 각기 다른 개성과 경험을 가진 사람들을 상대로 해야 한다. 그러려면 다양하면서도 유연한 소통의 역량이 기본적으로 필요하다. 동시에 원칙적인 단호함으로 설득력 있게 행동을 이끌어 내야 한다. 이것은 매우 종합적이고도 높은 수준의 정신적, 심리적 지도 역량을 갖춰야만 가능하다.

교육 과정 전반을 통틀어 강조되는 '최선'의 의미를 이들은 온몸으로 체화하고 있어야 한다. 하루하루의 일상이 '최선'이 되어야 한다. 최선의 의미를 말이 아닌 행동으로 보여주지 않는 사람이 누군가를 설득할 수는 없는 법이다.

한국표준협회 인재개발원의 지도위원으로 활동하고 있는 사람들은 기본적으로 강인한 체력과 정신력을 가진 사람들로 구성되어 있다. 아웃도어 프로그램을 진행하는 능력과 야전 상황에 강한 현장력은 필수적이다. 또한 마인드 교육에 적합한 인성과 세상을 보는 건강한 철학과 상식을 갖추어야 한다.

물론 처음부터 지도위원의 자격이 주어지지는 않는다. 일반적인 직장인들과 마찬가지로 일정 기간의 인턴십 과정을 거쳐야만 지도위원으로서의 자격을 부여받게 된다.

일단은 핵심인재 의식고도화 과정을 풀코스로 수행하는 것이 최초의 과정이다. 사실상 이것이 가장 중요한 관문이다. 일반적인 교육생들과 같은 코스를 밟되 이들을 위해서는 한층 처절하게, 최대한 혹독하게 단련될 수밖에 없는 프로그램이 마련된다.

보통 한 과목에 합격을 받기 위해서는 최소한 4~5회 정도의 재도전은 필수다. 가장 완벽한 과제 수행이 되었을 때라야 합격을 받을 수 있기 때문인데, 서너 차례의 탈락은 실은 애초부터 의도적으로 예고되어 있기도 하다.

이것은 모든 과정마다 본인 스스로 '왜?'라는 질문을 던지게 하고 최선의 답을 찾아낼 수 있게 하는 트레이닝 방법이다. 가령, 왜 90도 인사인가에 대해 이미 나와 있는 정답을 그대로 반복하는 것만으로는 지도위원으로서 충분하지 않다. '인사'라는 행위의 본래적 의미를 깨닫고 그것이 행동으로 스며 나올 때까지 심사는 반복되고 또 반복된다. 무엇이 최선인가에 대해서도 상투적 이해만으로 답했을 때는 대번에 불합격과 질타가 쏟아진다.

교육 과정을 기획하고 진행하는 핵심 그룹들 간에 합의될 만한 수준이란 냉정하고 치열하다. 교육생들에게 스스로 부끄럼 없는 안내자가 되기 위해서는 그 정도로 높은 수준의 자격을 요구받는 것이다.

예비 지도위원들에 대한 이런 의도적 탈락에는 또 다른 의미도 담겨 있다. 누가 봐도 합격이 분명한 상황에서조차 '탈락'이 선언되었을 때, '어떻게 할 것인가'에 대한 질문이 내포된 것이다. 얼핏 짓궂은 일 같지만 시간이 지나면서 이거야말로 반드시 필요한 과정이었다는 것을 깨닫게 된다.

교육생들을 지도하고 이들의 과제 수행을 심사하는 위치에 있을 때, 합격과 불합격의 판정 기준을 확고히 새기도록 하는 것이다. 또한 교육생들 사이에서 판정의 공정성과 정확성에 대한 의문이 발생했을 때의 상황을 미리 교육생의 입장에서 종합적으로 인식할 수 있게 하려는 목적도 있다.

이들도 사람인지라 때론 마음속 저항도 생긴다. 왜 이렇게까지 하는가에 대한 반발이다. 그러나 그런 마음의 의혹마저 꺾고 스스로 의미를 획득할 때까지, 그로 인한 교육의 성과와 세밀한 느낌을 '교육생'으로서 경험하고 익히는 과정은 계속된다.

왜 이렇게까지 해야 하는 걸까? 그 이유는 명확하다. 이들이 곧 지도위원이 될 사람들이기 때문이다. 의식고도화 과정의 수준과 질을 담보하는 사람이 바로 지도위원들이다. 30년을 이어져 오는 동안 의식고도화 과정에 대한 기업과 교육 수료자들의 긍정적 평가가 유지되는 것은 바로 지도위원들의 역량이 뒷받침되고 있었다는 의미도 된다.

'지도위원들처럼만 하면 된다'는 말은 그래서 더욱 소중한 평가로 받아들여지고 있다.

지도위원은 이렇게 탄생한다

의식고도화 과정을 거친 후 2차 트레이닝은 예비 지도위원으로서 역량 강화를 위한 심화 과정으로 이어진다. 일반 교육생들의 교육 과정을 참관하면서 전체 흐름을 검토하고 세부적 진행 사항의 의미를 판단하는 과정이다. 선임 지도위원들의 교육 과정을 모니터링하면서 교육 과정의 구체적인 상황을 익히도록 하고 있다.

처음에는 교육생 입장에서 교육에 참가해 보는 것이었다면, 이번에는 지도위원의 시선으로 교육 과정을 관찰하는 것이 목적이다. 이 과정에서 교육생들의 다양한 반응과 피드백에 대한 면밀한 분석과 관찰이 이루어진다. 한 집단, 혹은 한 사람의 교육생이 입소해서 나갈 때까지의 모든 과정을 온몸과 정신 속에 새겨 넣는다. 그럼으로써 자기 자신의 의지와 마인드를 지도자로서 체화시키는 것이다. 이 과정은 보통 보름에서 한 달 가량에 거쳐 현장에서 진행된다. 이것으로 끝이 아니다. 명실상부한 한국표준협회 행동혁신 아카데미의 지도위원으로 자격을 인정받으려면 이후로도 최소한 6개월

가량의 수련이 더 필요하다. 이런 현장 모니터링과 동시에 예비 지도위원들은 지도 교안에 따른 강도 높은 학습을 병행한다.

이렇게 지도위원의 성장 프로그램은 대부분 직접적인 교육의 과정을 통해 이루어지는 것이 특징이다. 한 달가량의 인턴십 이후에 실제 교육 과정에 바로 지도위원으로서 참여하게 된다. 이 시기는 그 어느 때보다 강도 높은 긴장의 연속이다. 겉으로는 엄격한 지도위원으로서의 포스를 유지하고 있지만, 속으론 교육생보다 더 강한 긴장 속에 휩싸여 있기 십상이다. 교육생들을 직접 이끌어야 하는 부담을 갖는 한편, 자신을 지켜보는 선임 지도위원의 시선까지 동시에 의식해야 하는 이중고의 시간이다.

압권은 교육생들을 심사하는 시간이다. 아직 경험이 부족하기 때문에 때로는 교육생들에 대한 심사 판정에 이의가 발생할 수 있다. 이 상황에서 어떻게 대처하느냐가 상당한 난코스다.

상대방이 납득하지 못하는 점수에 대해 설명을 해야 하는 상황은 무척 당황스럽다. 스스로에게 충분한 확신과 기준이 있어야만 하는 일인데, 여기엔 오랜 경험 속에서 단련된 노하우가 필요하다. 초보 지도위원으로선 감당하기가 쉽지 않다. 그럴 때는 선임 지도위원이 나서서 상황을 수습하기도 한다. 물론 이런 상황을 대비한 사전 토론을 거치기 때문에 대체적으로 무난하게 진행되는 것이 보통이다.

이런 실전 속에서의 훈련이 거듭되면서 한 사람의 지도위원이 탄생한다. 헤매다가 깨닫고 이해하면서 조금씩 지도위원으로서의 전문성을 체득하는 것이다.

엄밀하게 말하면 지도위원들의 성장은 '그만하면 됐다'고 말할 수 있는 제한선이 없다. 이후의 모든 교육 과정을 통해 끝없이 단련하고 강화해 나가야 하는 숙제다. 매번 다른 얼굴의 다른 사람들이 들어오는 상황에서 지도위원들은 언제나 '새로운' 만남과 소통을 경험하고 그 속에서 성장의 나이테를 더해간다. 그야말로 끝이 없는 도전이다.

하루하루의 교육 일정이 소화되는 중간에 이들이 수시로 모여 토론하고 의견을 조율하는 것은 바로 이 때문이다. 정해진 형식과 틀이 없을지라도 이들이 나누는 대화 자체가 바로 케이스 스터디가 되곤 하는 것이다.

일반 직장인을 대상으로 삶에 대한, 인생을 대하는 태도에 대한 근본적인 성찰을 하는 곳이기에 지도위원들은 심리와 철학 전반에 대한 소양을 준비해야 한다. 관련된 분야의 도서와 정보들을 항상 접하고 공부를 게을리할 수 없는 이유다.

깨져야 깨친다!

'모든 교육의 질은 교사의 수준과 비례한다'는 말은 일반적인 교육 이론의 명제다. 마찬가지로 의식고도화 과정을 이끄는 지도위원들의 성장수준은 이 교육의 성과와 존재 가치를 반영하는 중요한 포인트다. 의식고도화 과정 30년 역사는 이러한 지도위원이라는 존재의 성장 과정과 맥을 같이하고 있다. 이들은 의식고도화 과정의 전문가이며, 행동 혁신과 의식 혁신을 온몸으로 보여주는 살아 있는 표본이다.

여기 한 예비 지도위원의 진땀나는 성장 스토리 하나를 소개한다. 일반적인 교육생들과 마찬가지로 이들이 맞닥뜨리는 한계 상황과 최선의 정신이 어떻게 노정되는가를 살펴보는 것은 의식고도화 과정의 원리를 이해하는 데 많은 도움이 될 듯하다.

현장 실습을 마치고 드디어 연구 강의를 하는 날이다. 평소 꼼꼼한 성격인지라 며칠 째 밤잠을 설쳐가며 세심한 준비도 했다. 이만하면 웬만한 수준 이상은 된다고 자부할 정도의 연습도 했다. 또한 나름대로는 탄탄하게 마인드를 단련해 왔기에 별다른 문제없이 통과할 자신감도 있었다. 어쩌면 '역대급'이라는 찬사를 들으며 강하게 어필할 수도 있지 않을까 하는 기대마저 든다. 지금까지의 교육 실습으로 볼 때 어느 정도 만족할 만한 성과를 보여주고 있다는 자부심이 있었던 것이다.

마침내 선배 지도위원들이 들어와 앉았다. 당찬 인사말과 함께 강의를 시작했다. 강의를 위한 PPT를 화면에 띄우고 심호흡을 한다. 그런데 이게 웬일인가? 자신을 향해 쏟아지는 선배 지도위원들의 눈길과 마주친 순간 예상치 못한 긴장감이 몰려온다. 거의 '쓰나미급'이다. 약간의 긴장은 어느 정도 예상했지만, 다리가 후들거리고 발표문이 잘 안 보이는 상황까지 갈 줄은 몰랐다.

부서장과 팀장, 선배 지도위원들의 시선은 매서웠다. 중간중간 메모를 하며 고개를 갸우뚱하는 그 모든 광경이 그렇게 두려운 것일 줄은 몰랐다. 심호흡으로 마음을 가다듬고, 다시 주제의 핵심을 되짚으며 가까스로 강의를 마쳤다.

여름철도 아닌데 등줄기엔 땀이 흥건하고 얼굴은 벌겋게 상기되었다.
무슨 말을 했는지 거의 기억이 나지 않을 만큼 기진맥진한 상태로 물 한 모
금을 마셨다.

'역대급' 발표는 개뿔! 준비한 내용의 30%나 전달을 했을까? 어제까지만
해도 완벽에 가깝다고 자신하던 내용들이 너무나 초라하고 부실하게만 느
껴진다. 당장 도망치고 싶다는 생각마저 들 지경이다. 대학 때나 군 시절을
통틀어 한 번도 겪어보지 않은 자괴감이다. 질문과 지적 사항들이 이어졌다.
당연하다고 생각하고 넘어간 문제들에 대한 심층적 질문들이 대부분이다.

"문제의 핵심은 두루뭉술하게 넘어가고, 말재주에 의존하려고 하는 것처럼 보이는데, 아닌가요?"

"'예의'라는 개념에 대해 너무 추상적으로만 접근하는 거 같지 않나? 현대인들에게 그 문제를 다시 언급돼야 하는 이유는 뭐고, 의식고도화 과정에서 그게 중요한 개념이 되는 근거는 뭐야? 뭔가 실생활에서의 접근이 전혀 안되잖아! 그러니 고리타분하다는 소리밖에 못 듣지."

"본인은 문제의식에 대한 해소가 전혀 안 되는데, 무작정 긍정적으로 생각하란 소리만 하면 생각이 긍정적으로 되든가요? 왜 그런 부정적 인식이 생겼는지를 먼저 분석했어야지."

"그런 정도의 생각으로 누구의 생각을 바꿀 수 있다고 생각하죠?"

날카롭게, 때로 혹독하게 파고드는 비판에 정신이 다 혼미하다. 그야말로 '멘붕'이다. 선배들의 지적들을 꼼꼼히 적으며 생각한다. 문제는 과연 '최선을 다했는가'에 있었다. 또한 지도위원의 역할과 정체성에 대한 고민 부족이 드러났다. 성급하게 내가 모든 것을 다 아는 양 행동했고, 그런 태도의 한계는 지도위원들의 눈에 그대로 포착되고 있었던 것이다.

이런 모습으로 교육생들에게 최선에 대해 말하고 긍정적 사고에 대해 강조해 봤자 말짱 '공자님 말씀' 밖에 안 될 것이 뻔하다.

하지만 그나마 다행이다. 비록 선배들의 비판과 비난 세례에 혼쭐이 나긴 했지만, 적어도 무엇이 문제인지에 대한 감이 왔다는 건 중요한 성과다. 새삼 선배 지도위원들의 연륜에 대한 존경심이 절로 우러나온다. 그들의 한마디 한마디로 인해 지도위원이 된다는 일의 막중한 무게감이 다시금 느껴지는 것이다.

"고, 맙, 습니다!"

허리를 꺾어 힘차게 인사했다. 뼈아픈 지적들이 진심으로 고마웠다. 나름 잘했다고 우쭐대던 스스로가 부끄러웠고, 실컷 깨지고 나니 오히려 후련하다는 기분도 들었다. 그들이 지적한 모든 것들이 이제부터 채워 가야 할 숙제다. 앞으로도 항상 견지해야 할 가이드라인이 생긴 것이다. 그로 인해 이제는 조금 덜 헤매면서 지도위원으로서의 길을 찾아갈 수 있을 것이다.

한 번의 시행착오 뒤, 다시 한 번의 기회가 주어졌다. 한 번 무참히 박살난 이후, 좌절 대신 어떻게든 넘어서야겠다는 의지가 살아났다. 생각해 보면 그 무참했던 순간이 바로 지도위원으로서의 첫걸음이 아니었나 하는 생각이 들 정도다.

이번에도 마찬가지로 긴장은 피할 수 없었다. 프레젠테이션을 마친 후 콧잔등에는 땀방울이 맺혀 있었다. 그러나 그것은 두려움과 위축된 감정과는 조금 다른 성질의 것이었다. 일종의 성취감과 확신 같은 것이 있었다.

"수고 많이 하셨네요."

"이제야 지도위원으로서의 자격을 갖춘 것 같습니다."

"축하합니다!"

최선의 노력 끝에 인정은 받는다는 게 이렇게 행복한 것인지 몰랐다. 알 수 없는 감정에 복받쳐 눈물이 절로 쏟아졌다. 이제는 좀 더 자신감 있게 교육생들에게 자신의 이야기를 들려줘도 좋겠다는 생각을 했다. 생생한 자기 체험이 의식고도화 과정의 성과를 보여주는 살아 있는 증거가 된 것이다.

그 후로도 지도위원으로 강의실에 서고, 교육생들과 대화를 할 때마다 혹독했던 그때의 경험을 잊지 않으려 노력한다. 그리고 최선을 다해 사람을 만나고 진심을 다했을 때 진정한 의식고도화의 의미가 이루어질 수 있다는 것을 매순간 되새기게 된다.

깨져야 깨칠 수 있다. 문제에 직면하고 스스로 일어서고자 하는 사람만이

자기 길의 주인이 되는 것이다. 만약 첫 강의를 대충 넘기고 말았다면, 그저 말뿐이 지도위원, 개념 정리만 번지르르한 사람이 되었을지도 모른다.

'깨짐'을 두려워하지 않는 것이 의식고도화의 첫걸음이다. 그것을 알게 해 준 모든 사람들에게 감사할 뿐이다. 두려움 없이 처절하게 깨지되, 좌절하지 않고 스스로 깨치려 노력하는 것, 그것이 진정한 최선의 의미다.

또 다른
나를 만나다

Message Contents

교육 참가자들이 말하는
"내가 생각하는 의식고도화란?"

　교육 과정에 참가했던 사람들에게 의식고도화 과정의 의미는 무엇이었을까? 일주일간 함께 땀 흘려 가며 마침내 12개의 '도장'을 받고 난 직후, 생생한 느낌을 담아 의식고도화 교육에 대한 각자의 정의를 내렸다. 교육의 성과를 한마디로 표현해 봄으로써 그동안 느끼고 생각하고 경험한 것을 의미화하는 작업이다. 이 짧은 한마디 속에는 의식고도화 교육이 개인에게 어떤 가치와 의미 있는 변화를 촉발하고 있는지에 대한 가장 간결하고 확실한 설명이 담겨 있다.

- 회피하려 했던 나 자신을 찾는 시간
- '멍' 때리며 살고 있던 자신에게, 스스로 뒤통수를 세게 때려주는 것
- 긍정 배터리 이식 작업

- 자기 스스로를 성찰하고 부족한 부분을 드러내어 반성할 수 있는 시간과 공간
- 나 자신을 뛰어넘고, 세상과 타협하지 않고, 겉으로만이 아닌 진정으로 최선을 다하는 것이 무엇인지를 내 자신이 진심으로 느끼고 알 수 있는 것
- 스스로 발자취를 돌아보고 새로운 내일을 맞이하는 것
- 스스로 설정해 놓은 한계선을 넘어설 수 있는 것
- 그동안 자신을 되돌아보며 긍정적 마인드와 자신감, 열정을 재충전시키고 업그레이드시켜주는 교육
- 우리 큰 아들(현재 7세)이 중학생이 되면 꼭 입교시키고 싶다.
- 내 안의 나를 깨운 것 같다. 사용하지 않은 0.001%의 무엇인가를 찾은 느낌
- 자신에게 뜨거운 눈물을 흘릴 줄 안다면 그것은 이미 최선을 다하는 것이다.
- 체험하고 체득하며 실천하는 것
- 성취감을 통한 자기의 재해석
- 의식고도화란 바뀌어야 산다는 것이다.
- 많은 동기들과 함께하는 것이지만 결국 본인과의 싸움이며, 그 누구도 스스로에게 지지 않는다는 것을 확인할 수 있는 과정
- 내 속의 나를 비우는 것. 깨끗이 비워 차곡차곡 다시 쌓아가야 비로소 흔들리지 않는 뿌리 깊은 나무가 되는 것
- 긍정이 최선이다. 최선이 긍정이다. 긍정과 최선이 인생이다! 지금까지 가지고 있던 생각의 각도를 틀어서 보게 함
- 새로운 나를 만나기 위한 여행
- 생일! 내가 나로 다시 태어난 날!
- 나를 넘어서는 또 하나의 계단
- 사회생활을 시작했던 초심을 다시 잡아주는 계기

내 안의 또 다른 나를 만나다
교육생들의 소감문

　사람들은 날마다 거울을 보면서도 자기의 현재 얼굴이 어떻게 생겼는지에 대해 정확히 알고 있지는 않다. 마찬가지로 스스로의 모습이나 객관적인 상태를 정확히 인식하며 사는 사람은 드물다. 하루하루 주어진 일들을 '해내는' 데만도 이미 지쳐 버려 삶을 성찰할 수 있는 기회란 아주 특별한 시간이 주어지지 않는 한 그 필요성조차 인식하지 못한 채 살고 있다.

　의식고도화 과정에서 보내는 5일간의 여정은 온전히 스스로에 대한 성찰과 다짐을 위한 시간이다. 그만큼 자신의 내면과 현재의 삶에 초점을 맞추게 되는데, 그렇게 해서 들여다 본 내 모습은 자기가 알고 있던 것과 상당한 차이가 있다는 사실에 놀라게 된다.

　'최선을 다해 살고 있는가' 하는 물음 앞에서 사람들은 대체로 머뭇거린다. 막연히 '할 수 있는 최대한을 살고 있다' 여기며 살아왔을 뿐이다. 그러나 교육 과정에서 제시되는 한계 상황 아래 거듭되는 '최선'에 대한 물음은 이내 그렇지 못한 자기 모습에 대한 성찰의 과정을 밟게 만든다.

최선을 다한다는 것이 어떤 의미인지에 대해 생각해 보는 것도 이번이 처음인 경우도 많다. 그리고 사실상 지금까지의 삶은 최선이 아니었다는 사실을 자각하게 된다. 평소라면 도저히 할 수 없을 것 같은 과제를 끝내 해내고 있는 자신을 발견하기 때문이다. 스스로 지어 놓은 한계에 묶여 '할 수 없다'고 미리 판단했던 것이 그동안 너무나 많았음을 깨닫게 된다. 또한 해보려는 노력을 다하기보다 '할 수 없다'는 핑계와 이유가 많았다는 것도 인정하게 된다. 최종적인 결론은 본인이 알고 있던 것보다 더 많은 가능성과 잠재력이 스스로에게 있었다는 사실에 대한 자각이다. '할 수 있는' 나를 확인한 이후, 앞으로 할 수 있는 가능성의 영역은 대폭 확대될 수밖에 없다.

의식고도화 교육의 중요한 성과 중의 하나는 나의 가능성이 어디까지인가를 알 수 있는 확실한 방법을 알게 된다는 점이다. 그것은 '해 보는 것'이다. '안 될 거'라는 부정적인 생각을 거두고 할 수 있는 최선을 다해 일단 실행해 보는 것이다. 그것만이 진정한 자기 가능성을 확인하는 길이다. 이것이 바로 마인드 변화, 의식의 혁신이다.

자신이 가진 가능성에 대한 확인은 세상을 대하는 기본적인 태도를 바꾸게 해 준다. 자신감과 열정, 할 수 있다는 긍정적인 사고방식이다. 이런 것들이 바로 수많은 교육생들이 소감문을 통해 밝히는 공통적인 발견이다.

교육 이후 갖게 되는 변화 가운데 하나는 소중한 존재들에 대한 감사의 마음이다. 늘 가까이 있기에 당연하다고만 생각했던 사람과 관계의 의미를 깨닫는 것이다. '효'와 '예의'라는 가치를 교과목이라는 형태로 대할 때, 사람들은 이게 왜 정식 과목으로 구성되는지에 대해 의아하게 생각한다. 당연한 일을 굳이 거론하는 것 자체가 낯설다. 새롭게 배워야 할 무엇이 있을 거라는 기대가 없기 때문이다.

그러나 이것은 일종의 오만이었음을 깨닫는다. 교육 프로그램 속에서 다시 점검해 보는 동안 자신이 놓치고 있던 사실과 잘못 생각했던 점들이 하나둘 드러나기 시작한다. 현재의 나를 존재할 수 있도록 해 준 가족의 의미, 나와 맺고 있는 사회적 관계들의 참된 의미에 대해 그동안 얼마나 무감각하게 살아왔는지를 뼈아프게 반성하게 된다.

한편 함께 교육을 받은 동료들에 대한 연대감도 이들이 남긴 소감문에 나타난 소중한 발견이다. 지역도 다르고 직장도 제각기 다른 사람들이 이 교육의 장에서 만나 서로의 모습을 공감하고 지지하는 관계로 발전한다. 동시대의 직장인들이 자기만이 아닌 타인의 삶을 이토록 구체적이고도 생생하게 나누며 소통의 진한 감동을 경험하는 예는 거의 드물다.

이들은 교육이 끝난 후에도 인터넷 카페에 '기수별 모임방'을 만들어 지속적인 관계를 이어가고 있다. 그만큼 의식고도화를 통한 인연이 서로에게 큰 의미가 되고 있음을 말해 준다. 함께 일하지만 그동안 잘 몰랐던 동료의 소중함도 있고, 타 직종에 종사하는 사람들과 동시대를 살아가는 '나와 같은' 사람의 존재를 느끼게 된다.

깨달음과 뜨거운 감동이 살아 있는 교육생들의 소감문은 의식고도화 교육이 이어져 오는 동안 감동적인 성장 드라마로 차곡차곡 쌓여가고 있다.

나의 '처음 자리'를 생각하는 시간

상신브레이크 정윤규

'모든 걸 내려놓고, 나의 본질을 찾아서!' 핵심인재 의식고도화 과정을 참가하기 전, 과연 이런 교육이 어떤 효과가 있을까? 이런 주입식 교육이 나에게 어떤 도움이 될까? 라는 질문을 수없이 던졌습니다. 최소한 지난주까지도 회사에서나 가정에서 최선을 다하며 산다고 여겼기 때문입니다. 하지만 이 교육을 진행하면서 제가 엄청나게 자만하고 있었다는 걸 절실히 깨달았습니다. 정작 이 자리에 있게 해준 존재들에 대해 전혀 감사하지도 않았고 보답하지도 않으며 살고 있었습니다.

그렇습니다. 나의 본질은 무엇보다 가족에 있다는 것을 절실히 느꼈으며, 가정에 최선을 다한다면 자연스럽게 회사와 나 자신의 발전도 이루어지는 것임을 깨달았습니다. 의식고도화 교육은 처음 생각한 것처럼 그렇게 주입식도 아니었고 강압적이지도 않았습니다. 주제마다 유익한 강의들도 많았으며 교육생들이 자발적으로 자신의 삶을 돌아보며 본질을 찾을 수 있도록 도와주었습니다.

21명의 동료들과 함께 지냈던 5일간의 시간은 쉽게 잊지 못할 것 같습니다. 이 소감문을 쓰고 있는 지금의 마음가짐을 일상으로 돌아가서도 끝까지 유지하도록 최선을 다해야겠습니다. 끝으로, 함께 과정을 수료한 모든 동료들, 지도위원님들께 감사드립니다.

할 수 있었을 텐데 ⋯ 내가 놓치고 살았던 많은 것들

핸즈코퍼레이션 김광훈

5일간의 일정을 마치고 소감문을 작성하는 지금 감회가 새롭습니다. 그 힘든 훈련을 모두 이겨낸 내 자신이 자랑스럽고 대견해집니다. 죽어라 목청껏 소리도 질러보았고, 죽을 것 같았던 공포심도 느껴보았고, 미친 듯 쏟아지는 졸음을 참으며 공부도 하였습니다. 해 보니 죽지는 않더군요. 최선이란 게 바로 그처럼 죽을 힘을 다하는 것임을 새삼 느꼈습니다. 안 될 것 같지만, 해 보니 됩니다. 마지막 발표력 심사를 끝내고 여러 가지 감정이 뒤섞였습니다. 후련함과 아쉬움, 성취감과 허탈함, 또 그리고 그리움. 살면서 이런 최선을 경험해 보는 게 처음인 것 같습니다. 할 수 있었을 텐데, 내 자신이 후회스럽고 안타깝게 느껴지더군요.

또 한 가지, 난 정말 운이 좋은 사람이었다는 것을 알았습니다. 운 좋게 좋은 부모님 밑에서 태어났고, 운 좋게 좋은 친구들을 만났으며, 운 좋게 좋은 회사에 다니고 있습니다. 교육 중 봤던 동영상 속에 이런 내용이 있었습니다. 전 세계 인구를 100명으로 압축시킨다면 대학 교육을 받은 사람은 1명이라는 말. 전 이미 전 세계 1%였던 것입니다. 또 냉장고와 옷장, 잠들 수 있는 침대, 심지어 지붕이 있는 집이 있다면 전 세계 75%보다 부유하다고. 전 이미 행복한 사람이었으며 특별한 사람이었는데, 그것에 감사함을 모르고 남이 가진 것을 부러워하며 살았던 것 같습니다.

이 교육에서 '최선' 다음에 중요하게 다가온 것이 '감사'라는 말이 아닌가

합니다. 너무나 소중한 가르침을 얻고 갑니다. 교육을 보내준 회사와 지도위원님들께 진심으로 감사합니다. 더불어 함께했던 동료들, 집에서 기다리고 있을 나의 가족에게도 감사합니다. 지금 가장 두려운 것이 지금의 이 마음이 흐려질까하는 것입니다. 마음속 깊이 지키고 간직하겠습니다. 고맙습니다.

Review 3

세상의 모든 고마움을 알았네!

포스코건설 김진민

가슴이 벅차오릅니다. 제가 해냈다는 사실이 감격스럽습니다. 그러나 이보다 더 가슴을 뜨겁게 만드는 것은 우리 포스코건설 동기들이 하나가 되어 모든 것을 이겨냈다는 것입니다.

물론 처음에는 '과연 이런 것을 통해 얻는 깨달음이 있을까?'하는 의문을 가진 게 사실입니다. 그러나 지도위원님들의 말씀대로 모든 것을 내려놓고 났을 때 비로소 새로운 것들이 채워지기 시작했습니다. 행동강령, 발성, 정독, 발표력을 준비하고 심사를 받으면서 평소의 급한 성질 때문에 약간 말을 더듬었던 제 자신의 단점을 고칠 수 있었습니다.

또한 심사를 준비하는 동안 극한 상황을 마주하면서 나의 지난 27년을 돌아볼 수 있는 소중한 시간이 되었습니다. 해병대를 비롯해 여러 힘들다는 일을 찾아다니며 청춘을 보냈지만 이번 의식고도화 훈련을 겪으면서 이 또한 거의 여러 경력 중에 손꼽히는 극한 훈련이 아니있나 생각해 봅니다.

처음에는 그저 육체적으로 좀 힘들겠구나 했습니다. 하지만 의식고도화 훈련은 육체적, 정신적, 정서적 과정을 포함하는 훈련이었습니다. 이를 두고 '마음치유' 과정이라 하시던 지도위원의 말씀처럼 내가 가지고 있던 마음의 병들을 5일간의 과정을 통해 깨끗이 치유받은 것 같아 뿌듯합니다.

이곳에서 배우고 체화한 도전의식, 동기애를 가지고 현업으로 돌아갑니다. 이를 하나하나 적용해 가면서 포스코건설을 리드하는 진정한 핵심인재로 거듭날 수 있도록 하겠습니다. 평소 조급해 하고 불안해하던 나 자신을 놓아 버리고, 할 수 있다는 도전의식으로 매사에 일심을 다하겠습니다.

마지막 발표력 심사할 때 저는 부모님과 여자 친구와 관련된 내용으로 발표했습니다. 부모님은 평생을 저를 위해 일을 하시며 여기까지 키워주신 분들입니다. 여자 친구는 지난 10년 동안 제 옆에서 완벽한 동행자로서 나를 믿어 준 소중한 존재입니다. 이제부터 그분들에 대한 고마움을 하나하나 갚아갈 생각입니다. 이런 교육의 기회를 주신 포스코건설, 교육을 진행해 주신 KSA, 함께해준 동료들에게 감사를 드립니다.

Review 4

벗들이 있어 외롭지 않았습니다
건강보험심사평가원 이선영

끝나지 않을 것만 같던 닷새가 어느새 지나고 이제 마지막 날입니다. 처음 버스를 타고 오면서 아는 사람도 없이 묵묵히 이곳에 도착하였는데, 집으로 돌아가는 길은 서로 웃고 떠들 수 있을 것만 같습니다. 목요일까진 악으로 깡으로 버텼는데 마지막 날이 되니 긴장이 풀리는지 몸에 열도 나고 몸살 기운도 있어 주말 동안 잘 회복할 수 있을지 약간 걱정도 되네요. 저는 경력 신입 직원이어서 회사의 입문 교육을 받아본 적이 있습니다. 그런데 이곳의 챌린지 어드벤처나 심사 과정은 어디서도 보지 못한 독특한 과정이라 생각합니다. 혼자라면 할 수 없었을 텐데, 동료들이 다 같이 할 수 있어서 끝까지 할 수 있었고 행복했습니다. 서른셋이란 적지 않은 나이에 이직을 하다 보니 우리 반의 대부분이 후배이고 동생이었습니다. 충분히 잘 챙겨주지 못한 것 같아 괜스레 미안한 마음도 듭니다. 지금 저는 집에 얼른 가고 싶은 마음도 있지만 한편으론 일상을 떠나 함께 합숙하고 지냈던 이곳에서의 생활이 아쉽고 그리워질 것 같은 생각이 드네요. 다음 주 또 다른 교육이 남아 있지만 아마 이곳에서처럼 많은 추억과 정을 쌓지는 못할 겁니다.

서로 토닥이고 챙겨주며 힘든 과정을 수행하다 보니 다 가족 같고 친동생 같고 그러네요. 마지막 날 발표를 하면서 울음을 참지 못했습니다. 몸살은 나고 힘은 들고, 나름대로는 최선을 다 했다고 생각했는데 다시 또 밀어붙이는 지도위원이 원망스럽기도 했지요. 그러나 내가 이렇게 무언가를 위해서 온힘을 다 쏟아내고 있다는, 정말 최선을 다한다는 것의 의미를 생각하면서 더욱 뜨거운 눈물을 쏟았던 것 같습니다.

열정적으로 강의해 주시고 교육지도를 해 주신 지도위원님들 고맙습니다. 그리고 큰 비용을 들여 입문 교육을 진행해 주신 내 직장 심사평가원에 감사드립니다.

나의 눈물이 부끄럽지 않은 이유

기능올림픽 출전 선수 김홍욱

처음에는 '그냥 시간만 때우다 가야지'라고 생각했는데 이상하게도 막상 의식고도화 과정이 끝나는 오늘에서야 아쉬움이 들고 더 열심히 할 걸 그랬다는 생각이 계속 들었습니다.

의식고도화 과정을 거치면서 인사, 예의 등 정말 사소한 것부터 시작해 심오한 것까지 정말 배울 것이 끝이 없었습니다. 소심한 제가 자신감이 넘치게 상대방과 눈을 맞추며 이야기할 수 있도록 변해야 한다는 것이 정말 힘들었는데 힘든 만큼 많은 것을 거둔 것 같아 좋았습니다.

발표력 과정에는 전 과정 내용이 복합적으로 들어있던 만큼 어렵기도 했지만 그만큼 자신이 또 변해가는 것을 느꼈습니다. 또한 뜨거운 눈물도 흘릴 수 있었습니다. 그리고 정병진 지도위원님이 정말 가슴에 와 닿는 말씀을 많이 하셨는데 그 중에 '부끄러움 없이 상대방에게 자신감을 보여줘라'라는 말이 제일 와 닿았습니다. 영국 런던에서 열리는 국제기능올림픽대회에서 꼭 좋은 성과를 내 지도위원님께 보여드리겠습니다. 제 자신은 국가대표라는 신분이기에 혼자의 몸이 아니고 모두의 몸이라고 생각하고 항상 조심하고, 꼭 금메달을 따서 부모님뿐만 아니라 우리나라 대한민국에 안겨 드리겠습니다.

대회 전 훈련은 혹독하겠지만 절대로 실망, 좌절하지 않고 의식고도화 과정에서 배운 여러 가지 과제를 생각해 보고 다시 깨우치겠습니다. 정말 이번 의식고도화 과정은 나 '김홍욱'을 변하게 해준 곳으로 정말 잊지 않고 항상 감사하는 마음을 가지겠습니다. 앞으로도 많은 학생, 어른들이 의식고도화 교육을 받아서 많은 것을 깨우쳤으면 좋겠습니다. 파이팅!

'의고' 과정은 걸림돌이 아닌 디딤돌

평화오일씰공업(주) 서지은

4박 5일간의 핵심인재 의식고도화 과정을 마치고 돌이켜보니 알에서 깨어난 것 같은 느낌이 듭니다. 처음 강의장에 들어와서 '반갑습니다' 인사를 배우고 90도로 허리를 굽히는 것이 어려웠는데 4일 만에 약간의 의식만으로도 충분히 가능하게 된 것을 느낍니다. 인사부터 시작해 행동강령, 발성, 정독 등 행동과목의 지도를 받고 몸에 익을 때까지 연습에 연습을 반복하여 언제 시켜도 다시 소화할 수 있을 만큼 습득했습니다. 특히 생활의 모든 면에서 적용이 되었던 행동강령 7개조는 외우면 외울수록 마음에 와 닿았습니다. 이곳에서 나는 점점 더 좋아졌고 끝내 나를 넘어선 기분까지 맛볼 수 있었습니다.

이번 과정에서 가장 기억에 남는 것은 '발표력' 과정이었습니다. 한 지도위원이 '의고의 꽃이다' 라고 표현한 것을 공감할 수 있을 정도로 가장 진심으로 최선을 다해야 하는, 그럴 수밖에 없었던 과목이었습니다. 어제까지만 해도 '최선'에 대한 글이었는데, 나와 진심으로 마주한 이후로 나의 바성과 과오와 후회에 서린 눈물, 앞으로의 다짐으로 새롭게 보입니다. 이곳에 있게 해준 언제나 최선을 다하셨던 우리 부모님, 나약했던 나의 의지와 태도, 핑계로 둘러댔던 비겁한 나의 과거들이 머릿속이 아닌 온몸의 세포들로 전해졌습니다. '여러분도 지난 생활에 최선을 다했습니까?'라는 구절에, 나를 감추고 숨겨왔던 벽을 무너뜨릴 수 있었습니다. 스스로에 대한 분노와 후회를 뼈 속 깊이 느끼고 앞으로 열심히 최선을 다해 살고 싶다는 강한 욕구를 느꼈습니다.

앞으로 더 많이 아프고 더 많은 노력이 필요하겠지만, 오늘의 눈물과 각오에 젖은 부들거림을 잊지 않고, 내가 사랑하는 나를 믿어주시는 부모님께 자랑스러운 큰딸, 누구 앞에서도 떳떳한 큰딸이 될 수 있도록 최선을 다하는 삶을 살아가겠습니다. 나를 깨울 수 있도록 도와준 평화 동료들, 지도위원님들께 진심으로 감사하다고 전하고 싶습니다. 혼자서는 할 수 없는 과정이었기에, 저도 후에 다른 사람들에게 도움을 줄 수 있는 역량을 키우고 싶습니다. 교육장을 나가 일상과 직장으로 돌아가더라도 될 때까지 도전했던 정신과 한계에 부딪치며 다시 일어섰던 끈기, 나를 깨우고 자신감을 키워줬던 기백을 잊지 않고 생활에 녹여나가겠습니다. 살아 있음에 감사하고, 지금이 순간 최선에 대해 깨닫게 되어 감사합니다.

지금 저는 무척 행복하고, 앞으로 더 행복하고 성공하는 삶을 위해서 발전해 나가도록 끊임없이 걷고 뛰겠습니다. 좋은 지도와 가르침, 좋은 기회를 주셔서 감사합니다.

강한 남자로 다시 태어나다

대학생 개인 참가자 송종현

저는 대학생입니다. 20대의 청춘을 의미 없이 보내지 않겠다며 다짐한 군대를 갔다 온 복학생입니다. 그러나 하루하루 당구, 농구, 술, 게임 등으로 허송세월만 보냈습니다. '이때는 괜찮겠지'라고 생각했습니다. 이 교육은 그것을 바꾸었습니다. 시간은 소중하고, 귀중한 것입니다.

저는 어리석었는지도 모릅니다. 부모님이 말씀을 하시는 것이 와 닿지 않았습니다. 그러나 발표력을 하면서 와 닿는 것입니다. 게으르고 나약했던 저의 모습을 돌아보고, 한심한 제 모습을 돌아보니 진짜 멍청한 짓을 했구나, 대학 생활 동안 뭐했나 싶을 정도로 어이없고 그냥 바보 같았습니다.

저는 이것을 통해서 나만의 행복, 나만의 기쁨이 아닌 다른 사람들에게 이러한 행복, 기쁨을 나눠주는 전도사가 되고 싶어졌습니다. 교육은 교육이 주체가 되는 것이 아니라 내가 주체가 되어야 한다는 것을 이제야 깨달았습니다. 다음에 공부할 때는 이러한 마인드를 가지고 공부를 할 것입니다.

물론 이 교육도 처음에는 마음에 들지 않았습니다. 사촌형 따라 그냥 재미로 놀다가야지 하는 안일한 생각이었습니다. 하지만 와 보니 여기는 노는 곳이 아니라 자신을 찾아가는 여행을 하는 곳이었습니다.

아직 이러한 교육을 저의 친구들과 형, 누나, 동생들은 모르고 있습니다. 다음에 기회가 되면 그들에게 꼭 이야기 해주고 싶습니다. 이 교육은 최고리며, 이 교육은 남을 고생시키는 것이 아니고, 그저 새로운 자신을 찾아내는 교육이라고 말입니다. 앞으로도 지도위원님 건강하시고, 행복하십시오. 응원하겠습니다.

부정은 긍정의 전 단계더라

삼보모터스(주) 권준철

회사를 출발할 때 선배들의 말씀이 저를 긴장하게 만들었습니다. 그래서 긴장을 많이 한 상태로 입교를 하게 되었고, 처음에는 마치 군대에 다시 입대한 것 같은 느낌이었습니다. 복장도 공통적으로 조끼를 입어 일체감을 주는 동시에 위압감도 조성되는 것 같았습니다.

처음 '예의'라는 과목을 들으면서 '과연 수료를 할 수 있을까'라는 의문을 많이 가졌습니다. 첫 수업에서 자기 자신을 내려놓으라는 지도위원의 말씀이 무슨 소린가 의문을 가졌습니다. 하지만 결론적으로 자신의 밑바닥까지 보라는 뜻인 것 같았습니다. 시간이 흐르면서 내가 여기서 뭐하나, 왜 이런 교육을 돈을 주고받을까 하는 부정적인 시선이 들었습니다. 피할 수 없으면 즐기자 라는 생각으로 시간만 보낼 계획이었습니다. 하지만 시간이 흐르고 교재에 나와 있는 말을 단순 암기가 아닌 몸으로 직접 느끼면서 '좋아, 다 털고 새롭게 해보자' 라는 생각을 더 하게 되었습니다.

마지막 과제인 발표력의 문구를 10번 이상 읽으면서 '내가 이제까지 뭐 하고 있고, 나의 목표는 무엇이었는가?' 정말 생각이 많이 들었습니다.

의식고도화 과정 수료 후 저는 다시 한 번 나를 돌아보게 되었고, 이 교육에서 전달하는 메시지의 뜻을 절대로 잊지 말아야겠다고 생각하였습니다. 모든 지도위원님들께 정말 고생 많이 하셨다는 말씀 전하고 싶습니다. 정말 만나서 반가웠고 고마웠습니다.

Review 9
위대한 교육을 받은 나

인탑스 이태진

이번 교육 과정을 통하여 제 안에 잠재되어 있던 의식을 깨울 수 있었습니다. 그리고 어떠한 역경에 닥쳐도 포기하지 않고 끝까지 해낼 수 있다는 자신감을 얻을 수 있었습니다. 솔직히 해도 안 되는 것을 어떻게 하라는 말인가? 내가 싫은 일을 억지로 하고 있다는 생각이 들고 할 수 없다고 생각이 들어 원망하고 미워하는 마음도 가졌습니다. 하지만 나 자신을 버리고 받아들이면서 할 수 있다는 자신감을 가지자 마침내 해낼 수 있었고, '노력은 절대 배신하지 않는다는 말이 이것이구나'라고 느꼈습니다.

또 30년간 당연하다고 여기고 생각됐던 부모님의 사랑과 은혜를 다시 한번 되돌아보고 고마움과 소중함을 느낄 수 있었고, 집에 돌아가서는 그동안 말하지 못했던 "부모님 사랑합니다"라는 말을 실천할 것입니다.

이번 교육은 저를 위한 교육이었다라고 생각합니다. 정말 잘 왔다, 우리나라에도 이런 교육이 있었구나, 나이가 더 들기 전에 일찍 와서 정말 다행이라고 생각되었습니다. 그리고 제가 나약해지거나 거만해질 때 다시 한 번 이 교육을 받았으면 좋겠다고 생각했습니다. 이제부터 의식고도화 과정이 제 삶의 터닝 포인트가 될 수 있게, 제2의 삶을 멋지게 살아보도록 하겠습니다. 또한 내가 계획하고 목표했던 것을 그대로 실천하여 제 꿈을 달성되었을 때 오늘의 이 마음을 잊지 않으며, 제711회 교육생의 위상과 교육의 위대함을 증명하겠습니다.

Review 10
새로운 삶의 지침을 얻었다

광동제약 이태준

발표력 심사를 끝으로 드디어 4박 5일간의 일정을 마쳤습니다. 처음 입교를 하였을 때에는 '내가 왜 여기에 무슨 목적으로 왔나, 회사에서 그냥 보냈으니 시간이나 보내다 가자'라는 생각이 제일 많이 들었습니다. 하지만 하나하나의 교육 과정이 끝나면서 자신을 뒤돌아 볼 수 있는 계기가 되었던 것 같습니다. 여러 교육 과정과 심사를 통하여 안일하고 편안함에 퍼져버린 제 모습이 정말 부끄러웠습니다. 다시 한 번 마음을 잡는 계기가 되었습니다.

제 자신을 초월해야겠다는 생각을 하게 해준 지도위원님들에게 정말 감사하다는 말씀드리고 싶습니다. '할 수 있다, 하면 된다, 최선을 다하면 안 되는 건 없다'는 생각을 가지게 된 것은 정말 교육을 통해 가장 큰 선물인 것 같습니다.

만일 제가 이 교육을 받지 않고 계속 생활을 했다면 어땠을지 정말 생각만 해도 부끄럽습니다. 4박 5일간의 일정을 실시하면서 전국 각지의 동기들과 만나게 되어 반가웠습니다. 모두들 이 인연이 여기서 끝이 아니라 지속적으로 이어졌으면 좋겠습니다. 그리고 이 교육 과정들이 살아가면서 평생의 추억으로 인생의 지침이 되었으면 좋겠습니다. 저 역시 4박 5일간의 시간을 인생의 지침으로 삼아 앞으로 힘들고 어려운 시간이 있을지언정 무릎을 꿇지 않고 꿋꿋하게 버텨 맞서 싸워 이겨내려고 합니다.

지금까지 4박 5일간의 교육과 생활에 있어 여러 도움을 주신 지도위원님들에게 정말 감사하다는 말을 드리고 싶습니다. 여러분들이 잘 끌어주셨기 때문에 무사히 수료하고 돌아갈 수 있는 것 같습니다. 30년 전통의 교육이 50년, 아니 100년의 전통으로 이어갈 수 있도록 해 주시길 바랍니다. 삶의 지혜와 지침을 얻게 해 주셔서 감사합니다.

또 하나의 공감,
'힘내라, 의고!'

  의식고도화 과정은 평소보다 큰 긴장과 에너지 소모의 연속이다. 낯선 환경에 적응하면서 적지 않은 신체적 정신적 변화 과정을 거치는 일은 평상시 느껴보지 못한 고통의 시간이기도 하다. 이럴 때 회사 동료들이 전하는 따뜻한 응원의 한마디는 무엇보다 큰 힘이 되어 준다.

  때론 발랄하고 위트 있게, 때론 마음속 진심을 담아 힘든 교육 과정에 있는 동료들을 격려하는 메시지들은 의식고도화 과정이 갖고 있는 특별한 소통의 한 부분이 되고 있다.

  일주일간의 빈자리를 느끼며 힘겨운 자기와의 싸움을 하고 있을 동료를 생각하며 가장 힘이 될 수 있는 한마디를 고르는 사람들의 마음은 함께 일하며 성장하는 동료애의 확실한 표현이다. 또한 의식고도화 과정의 의미를 더욱 빛나게 하는 소중한 밑거름이기도 하다.

"힘내라, 의고! 힘내라, 우리 동료!"

이렇게 마음으로 전하는 소통의 결과는 교육이 끝나고 돌아가 서로를 마주할 때, 더욱 끈끈하고 든든한 동료애로 이어지게 될 것이다.

힘든 교육, 수고 많습니다!

본사의 김중휘 차장, 이정주 차장, 정태규 과장, 상신이엔지의 이근형 과장.

핵심인재 의식고도화 교육 받느라 고생이 많습니다. 교육 소감 잘 보고 있습니다.

나이 들어 받기는 정말 부담스러운 교육이라 생각합니다만

젊을 때는 받을 만하다고 느끼고 있습니다.

수고가 대단히 많습니다. 자랑스럽습니다.

이 교육이 전사적으로 확대되어 향후 회사가 발전하는 데

조금이나마 보탬이 될 수 있다고 확신합니다.

지금까지 다녀오신 분들 소감문을 거의 다 읽어보니 그 심정이 충분히 이해됩니다.

'처음처럼'이라는 소주 이름과 같이 현재 교육받는 느낌 그대로 '쑥' 이어갈 수 있도록,

아니 다짐한 것 하나라도 실천할 수 있는 상신인이 되기를 기대합니다.

남은 기간 건강 잘 챙기면서 무사히 교육 이수하시기를 기원합니다.

다음 주 월요일에 봅시다.

– 여환열 전무 배상 –

最善!

오늘은 날 좀 풀렸네. 그래도 춥지? 역시 광양은 따뜻한 동네가 확실한가봐. 눈도 안 내려.

오메~ 벌써 목요일이여? 적응은 끝났겠네. 나올 때 되면 아쉬워질 거여.

그러니까 열심히 하세요. 식사는 어찌 그리 잘 나오는지.

멋진 지도위원님들도 많고. 난 다녀온 지가 오래 되서(2007년 수료) 모든 게 가물가물 하네.

금요일 저녁에 후딱 나와 부러. 다음 주에 출근하면 회식 한 번 해야지.

내가 술 무지하게 부워 줄라니까. 일생에 단 한 번의 교육이라 생각하고

암기도 열심히 하고. 몸뚱이 부서져라 열심히 움직여.

살면서 언제 그런 교육 다시 받겠나. 좋은 분들도 많이 알아두면 좋겠지?

무슨 글이 이래 두서가 없나. 어쨌든 간에. 마지막까지 최선을 다해서

우리 회사의 역사적 인물로 길이 남길 바란다. 고생해.

– 젤 멋진놈 –

후배가 응원 메시지 보냅니다

오늘 수요일인데 교육은 잘 받고 계시겠네요.

과장님 힘들고 지치실까봐 비록 저 남자지만, 사랑하는 후배가 응원 메시지 보냅니다.

이 글 받으시고 충전 만땅은 아니더라도 어느 정도는 채우시길 바라는 마음에 적습니다!

제가 거기 있을 때 응원 메시지를 받는데 은근히 기분 좋고 힘도 많이 나더라고요.

과장님, 어제 야간 산행하시고 오늘은 자기발전 계획표 작성하시겠네요.

자기발전 계획표는 멋지게 하셨지요? 아마 그랬을 거 같습니다.

내일은 아마 챌린지 어드벤처를 할텐데 혹시 고소공포증 있으신 거 아니시지요?

아마 있으셔도 다 극복하실 거라 믿습니다.

하루하루 항상 최선을 다하시고 파이팅하십시오!

– 물류팀 황정길 대리 드림 –

YCP(주) 채용지 씨 힘내라!

수고하고 있지요? 지금쯤 도장 2개~3개 정도 받으셨죠?

도장 한두 개에 너무 목매지 마요.

토요일이나 내일 다 받을 수 있을 거예요.

참고로 YCP 사람 중에 일요일 날 퇴소한 사람 거의 없습니다.

전 토요일 2등으로 퇴소했고요.

평생에 좋은 추억이 될 거예요. 힘들더라도 즐기세요. 아자!

– 김건승 –

힘내라 의고 5

피케이 밸브 박태진, 최선 앞에 항상 당당할 수 있길

태진아! 팀장이다. 아니 너보다 먼저 교육을 수료한 선배다.

입사한 지 2년이 지났더군. 입사 때와 많이 달라진 네 모습을 보면서 가르친 보람을 느낀다.

다른 동기들보다 업무에 있어 훌쩍 컸다는 것을

이번 ASME 갱신심사를 통해 알게 되었을 것이다.

벼는 익을수록 고개를 숙인다. 하지만 그렇게 하긴 쉽지 않다는 것도 알고 있지.

남을 이해하기 어렵더라도 이해하기에 앞서 나와 다름을 인정하는 것부터

변화의 시작이라고 생각해. 세상이 달라지길 바라지 말고 스스로 먼저 달라지면

새로운 세상이 보인다는 것을 곧 알게 될 거야.

지금까지 살아온 나와, 앞으로 살아갈 나에 대해

많은 생각을 할 수 있는 기회가 되었으면 한다.

아직도 네 마음은 나를 원망할지 모른다. 이런 곳에 왜 보냈는지….

하지만 고통이 큰 만큼 얻는 것도 크다는 것을 느꼈으면 하는

바람으로 내 마음을 담아 보낸다.

최선이라는 이름 앞에 당당할 수 있는 너를 찾길 바라며….

― 너의 선배 송근수로부터 ―

힘내라 의고 6

상신 이상헌 파이팅!

차장님, 교육 잘 받고 계시죠?

차장님의 빈자리가 너무 커 보입니다.

좋은 추억거리 만들어 오시길 바랍니다.

의고를 안주 삼아 한잔 합시다. 부디 몸 건강히 퇴소하시고, 잘 내려오십시오.

― 상신브레이크 후배 대표 ―

여러분의 빈자리에서

핵심인재 의식고도화 교육 중인 ㈜화성의 반건호 이사, 하태원 반장, 박미숙 반장.

여러분의 교육일지를 통하여 교육 과정이 결코 녹녹지 않다는 것을 실감합니다.

교육 1일차부터 오늘까지 어려운 과정을 수행하느라 고생이 많으시겠지만,

이런 교육이 회사생활과 스스로의 인생관을 되돌아보는 좋은 기회라 생각합니다.

저는 여러분의 빈자리를 채우며 일주일 동안 업무를 수행하면서 많은 것을 느꼈습니다.

그동안 여러분의 애로사항에 대하여 많이 파악하고 있었다고 생각했는데,

아직도 부족한 부분이 많다는 것을 새삼 알았습니다.

앞으로는 여러분에게 더욱 진솔한 마음과 정성으로 다가가고자 합니다.

이제 내일이면 모든 교육 과정이 종료되는군요.

끝까지 최선을 다하여 유종의 미를 거두길 바라면서 건강한 모습으로 뵙기를 기대합니다.

끝으로, 의식고도화 교육을 진행하는 진행팀 여러분의 노고에 심심한 감사를 드립니다.

– ㈜화성 관리부 상무 김충기 –

엠티에스코리아 문주영 대리 힘내세요!

자랑스런 엠티에스코리아의 문주영 대리!

핵심인재 의식고도화 교육은 엠티에스코리아가 접수한다!

항상 앞서서 성실하게 교육받는 리더가 되기 바랍니다.

최선상은 문주영 대리에게….

– 영원한 파트너 장기형이 응원합니다 –

세아제강 박기성 공장장님, 파이팅!

항상 업무하시는 모습이 너무나 반듯하고 대단하셔서

핵심인재 의식고도화 과정은 예전에 경험하신 것으로 당연히 생각하고 있었어요.

그런데 이번에 더욱더 강하고 활기찬 후배 양성을 위해

솔선수범의 모습으로 입교하신다고 하더군요. 뜨거운 박수를 보냅니다. 진심으로.

세계 최고의 수석위원님으로 이루어진 최고교육 과정에 참여하셨다고 감히 자부합니다.

더욱더 멋있는 모습으로 뵐 것을 생각하니 벅차오르네요.

건강한 모습으로 정상에서 뵙겠습니다. 파이팅!

– 의고 651기 박동민 올림 –

상신의 Key MAN들이여, 영원하라!

697회 박승효 부장입니다.

날씨 쌀쌀한 데 '때깜' 지르느라 추위도 물리치리라 믿고 있습니다!

좌우 눈치 보지마시고 앞만 보고 돌진하십시오.

지금쯤 얼굴이 울그락불그락할 때입니다!

하지만 다시 한 번 모든 걸 되돌아보는 중요한 시간이 되었으면 합니다!

No Give UP!

– 박승효 부장 –

모두들 열심히 잘하라는 말밖에 없네요.

교육에 참고하시라고 한 달이 지난 제 모습을 알려드리겠습니다.

인사 : 교육받을 때 진짜 열심히 연습했는데 한 달 정도 지나니

허리가 안 숙여지기 시작함(머리가 바닥에 닿도록 연습하세요).

집중력 : 단기간에 고쳐지는 게 아닌 것 같음

(하지만 어디 가서 그렇게 소리 질러 볼 수 있겠습니까?)

미소 : 이건 매일 연습하고 있음(비난, 비판, 불평불만 → 미소, 인사, 대화, 칭찬)

3분 스피치 : 금연 주제로 발표했는데 지금 12일째 금연 중

(효과보고서 작성할 때까지 6개월은 버텨야 되는데…)

목표/계획 : 작은 것부터 시도하고 있음(일의 우선순위는 항상 생각하게 됨)

발표력 : 교육 땐 발성, 호흡 등 기본기 학습 + 내면의 힘과 감동을 느끼시길….

실전에서는 연습과 훈련, 발표내용에 대한 지식이 역시 중요.

교육의 효과로 가장 크게 느끼는 점은

제 자신이 조금은 더 긍정적인 사람으로 변하지 않았나 하는 것입니다.

최소한 부정적인 생각이나 남 탓을 하고 있진 않은지 항상 의식을 하게 되었으니까요.

각자 삶에 도움이 되도록 남은 시간도 소중하게 보내시고,

즐거운 추억 많이 만드시길 바랍니다.

– 상신브레이크 임직원 일동 –

지도위원이 전하는
의식고도화 이야기 _ 정병진 선임 지도위원

'의고'는 넘어지는 연습이다

핵심인재 의식고도화 과정 지도위원으로 활동한 지 10년이 넘어갑니다. 2004년 2월 2일은 제가 이 교육에 처음으로 참가했던 날입니다. 저는 본래 챌린지 어드벤처 외부 교관으로서 KSA 행동아카데미와 인연을 맺기 시작해서 이후 정식 지도위원으로 전환하였습니다.

20대 후반에 들어와서 어느새 30대 후반을 넘어가고 있으니, 청춘의 가장 뜨거운 시절을 이 의식고도화 과정과 함께하고 있는 셈이군요. 그동안 이 교육 과정은 적잖은 변화가 있었습니다. 기존 프로그램을 더욱 성장 발전시켜 나가면서 명실상부 대한민국 유일의 직장인 행동혁신 프로그램으로서 뿌리 내리게 되었으니, 그 중요한 역사를 함께 해 온 사람으로서 자부심과 보람을 느끼게 됩니다.

저 역시 처음 의식고도화 과정을 접했을 때는 약간의 정서적 충격이 있었습니다. 아마도 여기 오시는 대다수의 교육생들이 느꼈던 것과 비슷한 종류의 생소함과 의아함이었을 겁니다. 그래서 첫날 교육생들이 어떤 생각과 느낌을 가지고 있는지 잘 알고 있습니다.

다행히도 저는 세상의 여러 모습을 일단 부정하고 보기보다는 수용적으로 판단하는 편입니다. 의식고도화 교육에 대해 처음엔 이해하기 어려웠지만 교육에 참가하는 사람들의 모습은 무척 진지했고, 내가 모르는 어떤 성장의 감동이 있다는 걸 느낄 수 있었습니다.

많은 분들이 소감문을 통해서 의식고도화 과정이 본인들에게 어떤 의미인지에 대한 말씀을 해 주십니다. 놀랍게도 많은 분들이 이 교육의 본질과 의미를 정확히 알고 계셨습니다. 그만큼 이 교육 과정이 그분들에게 성공적으로 흡수되고 전달되었다는 걸 의미하기에 감사와 보람을 느끼게 됩니다. 맞습니다. 소감문에 적혀 있는 수많은 감동과 깨달음이 바로 의식고도화 과정의 존재 이유이며 목표입니다.

저는 의식고도화 과정을 처음 접하는 분들에게 어떻게 설명하면 보다 쉽게 이해할 수 있을지에 대해서 항상 생각합니다.

자전거를 타보셨겠지요? 극소수의 특별한 사람을 빼고, 처음부터 자전거를 잘 타는 사람은 없습니다. 처음 자전거를 배울 때, 수없이 넘어지는 과정을 경험합니다. 자전거에 오르다가 쾅! 일으켜 세우다가도 쾅! 사람이나 장애물을 피해 보려다 쾅! 수없이 넘어지고 다치는 경험을 반복하고 나서야 비로소 동네 길을 달릴 수 있게 됩니다. 이제는 좀 탈 수 있을 것 같은 생각이 들다가도 갑자기 마주 오는 사람을 피하려다가 또 쓰러지기도 합니다.

이렇게 넘어지는 과정이 바로 자전거 배우기의 피할 수 없는 원리입니다. 넘어지지 않기 위해서는 넘어지는 경험이 필수라는 역설이 있습니다. 따라서 자전거 배우기는 '안 넘어지는 법을 익히는 과정'이라 해도 과언이 아닐 듯싶습니다. 어떨 때 넘어지게 되는지, 넘어지지 않기 위해서는 어떻게 해야 하는지를 본능으로 익혀야 합니다.

저는 의식고도화 과정이 자전거 타기에서의 '넘어지는 연습'과 같다고 생각합니다. 아무 일 없는 듯 사회생활을 하다 교육원으로 들어왔을 때, 무조건 해야만 하는 과제들이 많습니다. 낯설고도 새로운 상황입니다. 심지어 극한의 경험을 요구하고 있습니다.

삶도 마찬가지입니다. 뜻하지 않게 곤혹스러운 문제를 만나기도 하고 때로 극한이라고 말할 수밖에 없는 위기도 만나게 됩니다. 의식고도화 과정은 그런 상황에서도 '넘어지지 않고' 자신의 삶의 바퀴를 안정적으로 굴리기 위해 미리 연습하는 것이라 생각합니다.

자전거 타기는 중간에 포기할 수도 있지만, 인생은 그럴 수가 없습니다. 그래서 더욱 넘어지지 않을 수 있는 방법, 넘어지더라도 안전하게 넘어질 수 있는 자기만의 방법을 찾아야 합니다. 의식고도화 과정은 그 방법을 익히기 위해 미리 넘어지는 연습을 하는 곳입니다. 여기서 잘 넘어져 본 사람은 다시 돌아간 일상 속에서는 안 넘어지고 씽씽 잘 달릴 수 있는 노하우를 터득하게 되는 것입니다. 넘어지더라도, 덜 아프고 덜 위험하게 넘어지는 요령을 알게 되는 것입니다.

이렇게 한 번 익힌 자전거 타기는 이미 몸이 익혀 버리는 것이라서, 한동안 잊고 지내다가도 타야 하는 상황을 만나면 예전처럼 다시 달릴 수 있게 됩니다. 소위 한계상황 극복의 경험이 내 몸과 정신 속에 새겨지게 된다는 의미입니다. 이래서 많은 분들이 의식고도화 교육에 대해 '살면서 한 번은 꼭 가 봐야 하는 곳'이라고 말씀하시는 것 같습니다. 그 말씀에 저 역시 전적으로 동의합니다.

사람에 대한 감동이 있는 교육 현장

그동안 이 교육을 통해 많은 분들을 만났습니다. 나이와 성별을 불문하고 다양한 사람들이 평생 잊지 못할 '진한' 경험을 하셨는데, 그분들을 만나는 저 또한 말할 수 없이 큰 감동과 깨달음을 얻고 있습니다.

교육 과정이 갖는 특징이 의식과 행동의 혁신을 도모하는 일이기에 지도위원으로서 느끼는 사명감과 책임의식 또한 막중합니다. 이곳이 직장인들을 위한 교육의 현장인 것은 사실이지만, 지도위원의 역할은 무엇인가를 가르치는 데 있다기보다 한 사람 한 사람의 변화 과정을 잘 안내하고 효과적으로 돕는 데 있다고 생각합니다.

사람의 변화는 일방적인 강요나 당위적인 요구로는 이루어지지 않습니다. 철저히 본인의 의지와 스스로의 힘에 의해서만 가능한 일입니다. 하지만 자기를 내려놓고 본래의 자기 모습을 바로 보는 일은 생각보다 쉬운 일이 아닙니다. 살아가면서 굳어진 편견과 습관의 벽을 무너뜨리는 일이 얼마나 많은 내면의 저항과 고통, 그리고 용기가 필요한 일인가를 경험해 본 모든 사람은 압니다. 그 어려운 과정을 돕는 일이 지도위원의 일입니다.

이것은 지도위원 스스로가 먼저 보여줘야 하는 일입니다. 먼저 마음을 열고 상대방의 마음이 움직일 때까지 기다려야 합니다. 기다리되, 변화의 촉진자 역할을 더욱 세심하게 해야 합니다. 가장 중요한 것은 모든 말과 행동에 진심이 담겨야 한다는 것입니다. 진심의 힘은 실로 놀랍습니다. 그런 노력 끝에 처음에 완고하던 한 교육생이 마침내 마음의 문을 열었을 때의 감동은 이루 말할 수 없이 컸습니다.

소감문을 읽어보면, 지도위원들에 대한 감사의 마음을 구구절절 밝혀주는 분들이 많습니다. 눈물이 나도록 행복하고 감동적인 순간입니다. 저로선 최고의 찬사요, 내 인생의 자부심입니다. 힘들고 어려운 일이 있어도 기쁘게 일을 하게 되는 이유가 됩니다.

그간 교육을 통해 만났던 분들 중에는 수료하고 나간 이후에도 전화를 걸어 안부를 물어 주시거나 개인적인 상담을 청해 오시는 분들도 있습니다. 불과 일주일이 안 되는 시간 동안의 만남으로 그런 인연이 생길 수 있다는 것은 일반적인 사회생활에서는 기대하기 어려운 일이지요. 어려움에 부딪칠 때마다 의견을 구하고 싶어지는 대상이 있다는 건 참으로 감사한 일입니다. 제가 그런 대상이 되고 있다는 걸 생각할 때면 새삼 이 일의 가치가 어디에 있는가를 깨닫게 됩니다. 그들 중엔 저보다 나이도 많고 삶의 경험도 많은 분들도 있고 친구 같은 분, 아우 같은 분들도 있습니다.

저는 섣부른 단정이나 어설픈 충고를 가장 경계합니다. 제 할 일은 그게 아닙니다. 그저 조용히 그분들이 털어놓는 어려움과 고민에 대해 듣고 공감하는 것입니다. 대부분 그걸로 충분합니다.

그분들은 딱 떨어지는 답이 필요해서 저를 다시 찾는 것이 아니라, 이곳에서 경험했던 자신감과 강한 의지를 다시 한 번 환기하고 싶었던 것인지 모릅니다. 얘기를 하면서 스스로 무엇을 해야 하는지 그분들은 이미 알고 있음을 느낍니다. 그걸 확인하는 것만으로도 힘을 얻고 새로운 용기를 낼 수 있는 사람들입니다.

그렇게 한 통화의 반가운 전화를 끊고서, 저는 생각합니다. 내가 과연 이런 분들에게 멘토로서의 자격이 충분한 건지. 그러고 보면 그분들이야말로 항상 겸손하게 제 자신의 성장을 위한 노력을 게을리 하지 않게 하는 스승의 역할을 하고 있는 것 같습니다. 의식고도화 과정의 지도위원으로 살아간다는 것은 개인적으로 큰 행운이 아닐 수 없습니다.

심사대를 사이에 두고

심사를 하다 보면 교육생 입장에서는 일부러 실격을 주는 게 아닌가 의심이 드는 때가 있습니다. 결론부터 말씀드리면, 맞습니다. 그런 경우가 분명 있습니다. 분명 합격할 만한 결과를 보여줬음에도 불구하고 불합격 판정을 내리는 사례가 생깁니다.

받아들이기에 따라 마음이 불편할 수 있는 상황이지만, 지도위원 입장에서는 그것이 필요하다는 판단이 있을 때에 그렇게 합니다. 그 이유는 한마디로 말해 '받아들이는 사람이 태도를 유도하기 위한' 것입니다. 그러면 또

물으실 수 있습니다. 어떤 경우에 그런 의도가 필요한가, 어떤 태도를 유도한다는 것인가 하고요.

이것은 사실 해당하는 교육생 당사자의 교육 과정 전반에 대한 종합적 판단에 근거한 것이라서 그런 의도적 판정이 어떤 경우에 해당한다고 명시하기는 어렵습니다. 담당하는 지도위원의 판단이기 때문에 다분히 주관적인 부분이 있습니다. 다만, 이 또한 교육생에게는 극복해야 할 '한계 상황'이고, 이 속에서 최선을 끌어올려야 합니다. 따라서 이 상황에서 '왜?'를 묻는 것은 그다지 의미가 없습니다. 마치 강철을 단련하는 담금질을 한 번 더 함으로써 그만큼 더 강해지는 결과를 얻는다는 데 강조점이 있을 뿐입니다.

의도적인 괴롭힘인가 물으신다면, 그것도 맞습니다. 다만 그런 의도에는 하등의 개인적 감정 같은 사적 의도는 개입하지 않는다는 것만은 말씀드릴 수 있습니다. 심사대를 사이에 두고 있을 때, 교육생들은 긴장하기 마련입니다. 교육 과정 중 가장 엄격한 분위기가 흐르는 순간입니다. 그러나 오해하지 말아야 할 것이 있습니다. 심사를 하는 사람도, 또 받아야 하는 사람도 상하적인 권위나 힘의 관계가 아닌 역할의 차이일 뿐입니다. 어디까지나 그 상황에서의 주인공은 심사를 받고 있는 교육생 자신입니다. 최선을 다한 상황을 확인하는 것이 목적이지, '심판'을 받는 것은 아니기 때문입니다.

저는 개인적으로 심사대 앞에서 교육생들이 절박하기를 바랍니다. 최선의 진면목을 보이는데 모든 에너지를 쏟아 붓기를 바랍니다. 한 번 해서 안 되고, 두 번 해서 안 되면 지도위원에게 와서 물어야 하고, 진심으로 그러기를 바랍니다. 심사위원과의 소통과 교류를 통한 문제해결의 경험을 하기를 바라는 것입니다. 마지막 순간까지 집중하기를 원합니다. 고생해서 교육을 받고 있는데 기왕이면 정말 이곳에서 얻을 수 있는 최대의 것을 얻고 돌아가야하기 때문입니다.

암기를 왜 하는가 하는 의문을 가진 분들이 있습니다. 중고등학교 때 이후로 뭔가를 반드시 외워야 하고 그것을 평가받는 일은 좀처럼 없으셨을 겁니다. 게다가 분량을 보면 다들 깜짝 놀랍니다. 이걸 정말 다 외워야 한단 말인가 하면서 눈앞이 캄캄해지는 경우도 있을 것입니다. 연령층이 높아갈수록 암기능력이 점점 떨어지니 부담감은 더욱 큽니다.

암기는 될 때까지 무한 반복하게 합니다. 내용이 이해되든 안 되든, 자기 스타일이든 아니든, 무조건, 무턱대고 하는 겁니다. 그렇게 큰 소리로 반복해서 외우다 보면 그 내용이 가슴으로 들어오는 순간이 있습니다. 한 자 한자, 한 문장 한 문장에 담긴 의미를 자기의 방식으로 느끼고 받아들이게 됩니다. 그냥 한번 읽어 보고 '그렇구나' 하고 넘어가는 것과는 질적으로 다른 깨달음의 순간입니다. 이게 바로 암기라는 방식을 선택하는 이유입니다.

그러다 보면 처음엔 도저히 할 수 없을 것 같았던 분들도 결국 대부분 '합격 도장'을 받아 가십니다. 불가능했던 게 아니라 불가능하다는 생각을 했을 뿐이라는 게 확인되는 겁니다. 이런 경험들이 심사대를 사이에 두고 벌어집니다. 형식상 경직돼 보이고 권위적인 분위기가 느껴지지만, 심사를 받는 그 시간은 그 어느 때보다 순수하고 열정적인 자기와의 만남이라고 저는 확신합니다. 합격과 불합격을 판정하는 지도위원은 심판자가 아닌 조력자라는 사실도 이 자리를 빌려 말씀드리고 싶습니다.

더 넓은 세상, 더 깊은 만남을 기약하며

의식고도화 과정 30년의 성장을 가장 치열하게 현장 한복판에서 절감하고 있습니다. 입소문을 타고 전국에 있는 많은 기업에서 찾아오시는 발걸음이 늘어나고 있습니다. 직장인을 대상으로 하는 교육이지만, 일반인이나 청소년 그룹이 교육에 참가하는 일도 있습니다. 특히 회사 차원에서 교육을 왔다가 가까운 친지나 가족들에게 권해서 오는 경우도 생기는 걸 보면, 이 교육의 가능성이 점차 확장되고 있음을 느낍니다.

이제는 의식고도화 교육을 필요로 하는 모든 분들께 가까이 다가가는 교육이 될 수 있도록 더욱 성장시켜 가는 것이 목표입니다. 개인적으로 의식고도화 과정이 누구나 거쳐야 하는 필수 과정이 될 수 있기를 바랍니다. 과욕일지는 모르지만, 이것이 멀지 않은 미래에 국민 공통 필수 과정으로 자리매김할 수 있기를 소망합니다. 이를 위해 교육비의 문턱도 점차 낮춰서 궁극적으로는 무료 교육의 형태로 모든 사람이 누리는 날을 꿈꿔 봅니다. 그만큼 의식고도화 교육의 가치와 효과에 대한 확신이 있기 때문입니다.

경험한 많은 사람들이 이구동성으로 말하듯 '살면서 한 번은 꼭 받아야 할' 교육이라면 직장인 교육의 틀에 제한될 이유는 없다고 생각합니다.

지금 전국에는 지난 10년간 만나온 소중한 분들이 살고 계십니다. 저에게는 모두가 다 소중한 인연들입니다. 삶의 근본에 대한 물음을 함께 나누었던 관계이기에 가장 순수하고 거짓 없는 대화의 경험을 공유하고 있습니다. 저의 남은 인생에 대한 목표가 있다면 그분들의 기대에 어긋나지 않도록 살아가는 것입니다. 우리가 외쳤던 '최선'의 삶을 말입니다.

존 밀러는 이런 말을 했다고 합니다.

"사람이 얼마나 행복한가는 그가 감사함을 느끼는 깊이에 달려 있다."

그의 생각이 아니더라도, 저만큼 행복한 사람도 없다는 생각을 하며 삽니다. 내가 감사해야 할 사람과 이유가 너무나 많기 때문입니다. 천 명의 사람을 만나면 천 가지의 의미를 만나고, 만 명의 사람을 만나면 만 가지 감사의 이유가 생겨납니다. 의식고도화 과정 지도위원으로 살아가는 특권이기도 합니다.

앞으로 나이가 들어서도 이런 배움의 현장에 살고 싶습니다. 언젠가 한국표준협회 인재교육원의 현장을 벗어나게 되더라도 끝없는 소통과 배움의 장을 만들어 내고 싶은 것이 저의 먼 미래를 위한 인생 계획입니다. 지금 하고 있는 일이 행복하고 만족스러우니 그때에도 그런 역할을 하며 살고 싶습니다.

지금과는 다른 방식이어도 좋습니다. 지금보다 더 진화되고 생활에 밀착된 형식으로서 만날 수 있다면 더없이 좋겠다는 생각입니다. 이따금 저는 택시 운전을 하면서 수많은 사람들을 만나는 상상을 하곤 합니다. 운전을 하며 달리는 동안 내가 경험한 소중한 이야기들을 전하는 겁니다.

또 하나 바라는 것이 있다면, 지금껏 만났던 분들을 언젠가는 다시 한 번 만나고 싶습니다. 지금보다 나이 든 얼굴로 서로의 인생을 마주하는 기분이 어떨지 상상만 해도 가슴이 뭉클해 옵니다. 의식고도화 교육 이후 살아가는 이야기, 서로의 진솔하고 따뜻한 희망의 근거들을 주고받고 싶습니다.

핵심인재
의식고도화 과정의
미래 비전

Vision. **의식고도화 과정의 진화 – 변하는 것과 변하지 않는 것**

의식고도화 과정은 지금껏 진화의 발걸음을 이어 왔고,
지금도 그 진화는 계속되고 있다.
그 과정에는 교육 수강생들의 구체적인 피드백이 적극 반영되었다.
최대한 교육의 합리성과 현실성을 살리기 위한 노력은
교육에 참가하는 모든 주체들이 함께 만들어 나가는 과정이었다.
앞으로도 매 교육 과정마다 참가자들의 피드백을 적극 유도하고
이 속에서 합리적 개선의 방안들을 모색해 나갈 것이다.

Vision. 왜 여전히 의식고도화인가?

의식고도화 과정은 바로 '왜?'에 대한
답을 찾는 과정이라는 점에서 확실한 차별화가 가능하다.
진정한 자기계발의 동력은
자신의 본래 모습을 찾는 과정에서 나오기 때문이다.
의식고도화 교육의 과정을 경험한 사람들의
생생한 증언들이 차별화된 교육효과의 실체이다.

의식고도화 과정의 진화 – 변하는 것과 변하지 않는 것

　21세기를 살아가고 있는 지금, 우리를 둘러싼 사회 경제적 환경의 변화는 그 내용과 속도 면에서 과거 어느 때보다 빠르고 전면적인 특징을 보이고 있다. 지난 30년 역사를 거쳐 오는 동안 의식고도화 과정도 적지 않는 변화의 발걸음을 거듭해 왔다.

　사람들의 문화적 감수성과 교육에 대한 인식과 트렌드 또한 급속한 변화의 과정을 거치고 있는 바, 이러한 흐름에 발맞추고자 하는 노력은 동시대인들에게 더욱 가까이 다가가기 위해 당연히 요청되는 부분이다.

　지난 30년의 역사를 거치면서 핵심인재 의식고도화 과정에도 적잖은 변화가 있었다. 먼저, 교육 과정의 명칭 변화가 있었다. 예전에는 '핵심사원

의식고도화'라는 이름으로 불리던 것이 지금은 '핵심인재 의식고도화'로 바뀌었다. '사원'에서 '인재'로의 변화다. 교육에 참가하는 대상이 사실상 일반 사원에서 임원에 이르기까지 다양하다는 점을 고려한 부분이기도 하지만, 정확하게는 의식고도화 과정의 목적이 '인재 교육'에 있다는 점에 초점을 맞춘 결과다. 교육 참가자들의 마인드와 변화를 통한 의식과 행동의 변화가 지향하는 바를 보다 명확히 담아내도록 한 것이다.

한편, '지도위원'이라는 명칭 변경도 의미 있는 변화 중 하나다. 예전에는 '교관'이라는 이름으로 교육생들을 이끌고 있었는데, 명칭에서 비롯되는 이미지상의 경직성을 개선하기 위한 것이다. 의식고도화 교육의 성공적 진행을 위해 굳이 군대식의 딱딱하고 권위적인 형식을 유지할 이유는 없다. 교육의 특성상 때로는 군대보다 더 강한 규율과 엄격함이 요구되는 측면도 있지만, 그것 자체는 교육의 목표를 달성하기 위한 형식상의 장치일 뿐 그 자체가 목적은 아니다. 교관이라는 이름을 고집하는 것으로부터 야기되는 불필요한 거부감이 있다면 오히려 교육에 방해가 될 뿐이기에 명칭상의 변화를 시도한 것이다. 교육 기간 내내 교육생들과 함께 호흡을 맞추며 지도하는 사람의 역할이 '안내자' 내지 '촉발자'임을 명칭 개정을 통해서 다시 한 번 확실히 하는 효과도 있다.

이러한 명칭의 변화는 단지 이름을 바꾼다는 것 이상의 의미를 가진다. 참가자들을 교육의 대상으로 바라보는 일부 잘못된 시각을 교정하고 진정한 교육의 중심이 교육생들에 맞춰져야 함을 재확인하는 과정이었던 것이다. 형식 이면에 있는 교육의 내용과 목표를 명확히 정립하는 것이 중요한 변화의 목적이다.

교육 일정의 조정도 있었다. 정규 과정 5박 6일의 일정은 오랫동안 고수되어 온 틀이었다. 그러던 것이 지난해를 기점으로 4박 5일로 축소·조정됐다. 주 5일제가 시행되어 정착되고 있는 사회생활의 패턴 변화를 적극적으로 반영한 조치다. 고작 하루를 줄인 것에 불과해 보일지 모르지만, 이 작은 변화 하나에도 섬세한 기획과 과감한 결단이 필요한 일이었다. 기간을 단축하면서도 이전 6일에 걸쳐 진행하던 것과 동일한 내용을 그대로 유지해야 하기 때문이다.

특강을 비롯한 강의 구성에도 변화가 있었다. 참가자 집단의 특정한 이해와 요구에 정확히 부응하기 위한 노력이 수반된다. 최적의 강사 섭외에서부터 주제의 정확성에 대한 면밀한 검토는 교육이 진행되는 전후 과정에 걸쳐 지속적으로 이루어진다. 특히 점차 참가자들의 교육적 수준이 높아지는 경향에 발맞추어 강의의 질적 내용과 형식적 다양화를 시도하고 있다.

의식고도화 과정의 대미를 장식하는 수료식도 약간의 수정이 이루어졌다. 예전에는 1차로 먼저 수료한 사람들이 중심이었던 것을, 지금은 수료 여부와 무관하게 전원이 참석한 상태에서 치르도록 조정했다. 미수료자들의 상대적 소외감을 배려하고 함께 생활한 동료들이 다함께 교육 과정을 마무리하는 의미를 살리기 위한 것이다.

암기 과제를 대폭 축소한 것도 눈에 띄는 변화 중 하나다. 주말이 넘도록 미수료자가 남게 되었던 주된 이유가 과도한 암기 과제였던 점에 비추어, 이에 대한 합리적인 조정의 필요가 꾸준히 제기되고 있었고 이를 현실성 있게 반영했다. 이로 인해 대부분의 교육생들이 모든 교과목 수료를 5일 안에 가능하도록 프로그램을 수차례 재조정하는 과정도 있었다.

이밖에 교육 기간 동안 착용하는 유니폼에도 색상과 디자인 면에서 다양한 변화가 시도되고 있다든가, 교육생들에게 지급되는 물품 및 자료 등에도 세심한 변화를 적용해 가고 있다. 외부에서 보기엔 이러한 변화들이 아주 작은 차이에 불과한 것일 수 있다. 그러나 오랜 전통을 깨면서 하나둘씩 변화를 시도하고 있는 것은 교육생들과의 밀도 깊은 만남과, 함께 호흡하며 성장하기 위한 노력의 일환이다.

의식고도화 과정은 지금껏 진화의 발걸음을 이어 왔고, 지금도 그 진화는 계속되고 있다. 그 과정엔 소감문 등을 통한 교육 수강생들의 구체적인 피드백이 적극 반영되었다. 최대한 교육의 합리성과 현실성을 살리기 위한 노력은 교육에 참가하는 모든 주체들이 함께 만들어 나가는 과정이었다. 앞으로도 매 교육 과정마다 참가자들의 피드백을 적극 유도하고 이 속에서 합리적 개선의 방안들을 모색해 나갈 것이다.

한편, 의식고도화 30년의 진화는 '변하지 말아야 할 것을 고수해 온 노력'을 포함했을 때 진정한 진화의 의미를 살릴 수 있었다. 세상이 아무리 변해도 변하지 않고 오히려 더 견고하게 자기 자리를 지켜야 하는 것이 있다. 바로 의식고도화 과정의 본질적 가치에 대항하는 부분이다.

부단한 변화의 노력에도 불구하고 '행동 혁신'과 '의식 변화'라는 의식고도화 과정의 본질은 오히려 더 의미를 강화하며 지속해 왔다. 단순한 지식 전달이나 지부 능력 향상 등을 목표로 하는 교육과는 다르게 의식고도화 교육은 사람이 살아가는 일의 근본적 뿌리를 다루고 있다. 사람들이 일하고 생각하고 행동하며 살아가는 근본적 영역에 초점을 맞추기 때문에 외형적 트렌드와 무관하게 고수될 수밖에 없다. 30년간의 급속한 시대 변화에도 불구하고 이 교육이 꾸준한 지지와 성원 속에 유지되고 있는 중대한 이유다.

왜 여전히 의식고도화인가?

직장인들의 자기계발 열풍은 잠들 줄 모르고 점점 거세지고 있다. 경쟁사회에서 살아남기 위한 경쟁력 강화의 요구가 그 어느 때보다 높아졌기 때문이다. 비슷비슷한 자기계발 서적들이 끊임없이 양산되고 직장인들은 학교를 졸업한 이후에도 더 돋보이는 스펙을 쌓기 위한 노력을 멈추지 않는다.

기업에서도 마찬가지다. 기업의 경쟁력을 높이기 위한 노력은 구성원들에게 다양한 교육의 기회를 제공함으로써 보다 능력 있는 인재가 될 것을 요구하는 것으로 나가고 있다. 유능한 인재를 많이 확보하는 것이 기업의 미래 비전을 실현하는 데 있어 중대한 요소가 되기 때문이다.

이렇게 열풍처럼 불어닥치는 자기계발의 노력은 분명 더 나은 개인의 미래와 조직의 발전을 위해 의미 있는 노력임에 분명하다. 그러나 투입되는 노력에 비해 그 결과는 충분히 만족할 만한 느낌은 아니다. 그 이유는 분명히 따져볼 필요가 있다. 자기계발이란 이름으로 실행되는 프로그램들을 보면, 의도와는 달리 '장착하고 있는 유용한 툴 하나를 늘리는' 정도의 의미로 한정되는 것이 대부분이다.

한편 사람들은 모두 성공과 출세를 목표로 살아가지만, 그것을 위한 무한 질주의 도정에서 문득 허탈함을 느낀다. 열심히 살고 있다고 생각하지만 행복하지는 않은 상태가 여전히 반복되고 있다는 사실에 좌절하고 방황할 때도 있다. 그 이유는 무엇일까?

필요 이상이라 여겨질 정도로 많은 노력이 반복되고 있지만, '왜?'라는 질문이 빠져 있기 때문이다. 자신이 가고 있는 길의 목표가 무엇인지를

알지 못한 채 하는 모든 노력은 '밑 빠진 독에 물 붓는 꼴'이 되기 쉽다. 그런 식으로 자기계발의 완성은 요원하다.

의식고도화 과정은 바로 '왜?'에 대한 답을 찾는 과정이라는 점에서 확실한 차별화가 가능하다. 진정한 자기계발의 동력은 자신의 본래 모습을 찾는 과정에서 나오기 때문이다. 의식고도화 교육의 과정을 경험한 사람들의 생생한 증언들이 차별화된 교육 효과의 실체이다.

직원들을 교육 과정에 참여시키고 난 후의 뚜렷한 변화는 기업의 성장과 발전에 의미 있는 기여를 하고 있다. 오랜 시간을 의식고도화 교육과 더불어 직원들의 성장을 도모하는 데 기업들이 참여하고 있는 이유도 거기에 있다.

극심한 사회 환경의 변화에도 불구하고 일관되게 요구되는 교육적 기대가 의식고도화 과정 속에 담겨 있었기 때문이다. 이렇게 의식고도화 교육의 '증명된' 효과들이 의식고도화 30년을 지탱해 온 중요한 바탕이었다.

앞서서도 밝혔듯이, 일명 '의고 효과'의 핵심은 철저한 자기 성찰에 있다. 자기를 돌아보고 스스로 삶의 목표를 정하는 것이 곧 '왜?'에 대한 답을 찾는 과정이다. 보통 사람들은 '반성'이라는 행위에 대한 부정적인 생각을 가지고 있다. 뭔가 자신의 잘못된 부분을 드러내 보이는 일에 대한 심리적 거부이기도 하고, 반성하는 행위가 자기를 비하하는 일이 될까 두려워하는 반응이다.

그러나 제대로 된 성찰의 목적은 자기를 부정하는 데 있는 것이 아니라 있는 그대로 바라봄으로써 자신의 긍정적 가치를 발견하는 데 있다. 현실 생활의 무게 속에 가려져 있는 본래 자기 자신의 모습을 발견하는 것. 다시 말해 자신의 정체성과 가능성에 대한 확인이다.

의식고도화 과정에서 경험하는 성찰은 '부정'에서 '긍정'으로 나가게 하는 유일한 통로가 된다. 이 통로를 제대로 통과하고 나온 사람들은 이전과는 전혀 다른 변화를 경험하게 되는데, 직장인으로서, 한 가족의 구성원으로서, '나 자신'으로서 목적하는 바의 꿈과 목표가 분명해지는 것이다. 타의에 의한 삶의 수동성을 벗어나 능동적이고 진취적인 생각과 태도를 갖게 된다.

에필로그

혁신은 세상의 기본을
바로잡는 데서 출발한다

 최근 들어 '안전'에 대한 사회적 관심이 고조되고 있다. 크고 작은 안전 사고들이 연달아 발생함으로써 사회적 불안을 가중하고 있는 탓이다. 이런 현상에 대한 각계의 분석과 대안들이 쏟아져 나오고 있지만, 문제는 사회 전반에 걸쳐 '기본'이 흔들리고 있고 이를 바로 세우기 위한 대처가 여전히 부실한 채 현상적인 처방들만이 난무하고 있다는 데 있다.

 최근 온 국민을 비탄에 잠기게 한 '세월호' 사건은 눈앞의 이익만을 극대화하기 위해 승객의 안전을 도외시한 부도덕한 기업의 관행이 가장 극적으로 표출된 사건이다. 또한 이를 관리하고 책임져야 할 국가 관리 체계의 총체적 부실이 드러났다는 점에서 '기본 붕괴'의 현상은 일부 개인의 차원을 넘어 사회 전반에 걸쳐 노정되고 있음을 보여준다.

문제는 대부분 자연 현상에 의한 재난이 아니라 인재(人災)였다는 점에 있다. 인재는 '사람에 의하여 일어난 재난'을 뜻한다. 이 나라에서 벌어진 비극적 사건을 두고 외국 언론에서는 후진국형 참사라느니, 기초가 되어있지 않다느니 하는 비판이 난무하지만 변명할 여지가 없다. 지금 중요한 것은 사고가 날 때마다 위험 요소가 있는 활동을 금지하는 식의 단발적인 처방이 아니라, 사고의 근본 원인이 어디 있었는지를 명백히 밝히고 다시는 똑같은 일이 반복되지 않도록 철저히 대비하는 일이다.

기본을 지키는 일은 사람의 생명을 살리는 근본이다. 외적으로는 눈부신 성장과 번영을 구가하는 것처럼 보이지만 어처구니없게 지금 우리가 사는 세상은 안전 사고 하나로 수많은 생명들이 희생되고 있다. 우리가 누리는 문명의 눈부심이 모두 '사상누각'에 불과하다는 게 한순간에 드러나고 마는 것이다.

상식적인 안전 수칙을 지키고, 재난 상황에 대비한 매뉴얼이 제대로 작동되기만 해도 막을 수 있었던 죽음을 눈 뜨고 지켜봐야 하는 안타까움 앞에서 우리는 사람이 함께 어울려 살아가는 일의 기본 도리를 다시 생각할 수밖에 없다.

핵심인재 의식고도화 과정의 교육적 가치는 이런 기본에 대한 강조가 화두로 떠오르는 현실 속에서 더욱 그 가치가 부각될 수밖에 없다. 생각이 바뀌면 행동이 바뀌고, 행동이 바뀌면 인생이 바뀌는 의식고도화의 원리. 그것은 각자 자기 위치에서 최선을 다하는 일이 결국 자신은 물론 사회 공동체의 건강한 존속을 위한 토대가 됨을 일깨운다.

지금까지 핵심인재 의식고도화 과정은 주로 기업의 요구에 의해 교육원에 입소하는 참가자들을 대상으로 이루어져 왔다. 하지만 이제는 이러한 틀을 과감히 깨고 교육적 요구가 있는 곳이라면 어디든 찾아가 만날 수 있는 방식상의 전환을 고려하고 있다. 능동적이고 진취적인 의식과 행동혁신은 비단 기업의 성장과 발전에만 기여하는 것이 아니라 다양한 영역으로 확산될 필요가 있다는 판단 때문이다.

지금 의식고도화 과정은 다양한 프로그램 변형과 개발의 가능성을 열어놓고 다양한 니즈를 경청하며 새로운 전환을 준비하는 시점에 있다. 내용면에서도 교육 대상의 특성에 가장 적합한 커리큘럼을 중심으로 다양한 변화를 시도해 볼 수 있을 것이다.

앞으로 내부 관계자들의 경험과 인식을 바탕으로 외부 전문가들의 지혜를 모아 전면적인 R&D의 과정을 거쳐 갈 계획이다. 확장된 버전의 의식고도화과정을 탄생시켜 더 많은 사람들을 만날 수 있도록 준비할 것이다.

이 모든 것이 의식고도화 과정의 명품화, 대중화를 위한 노력이다. 물론 본연의 가치와 핵심을 손상하는 다양성을 추구하지는 않을 것이다. 근본에 충실하면서도 현실의 변화를 충분히 수용하는 교육의 자세를 견지하며 질적으로 강화된 교육의 효과를 배가시키는 것이 목적이다.

아직까지 의식고도화 과정만큼 강도 높은 정신력 강화 훈련 프로그램은 드물다. 이것의 장점을 계속 유지하면서도 대중적 확산을 위한 변화의 노력은 꾸준히 지속해 나갈 것이다. 끝없이 대중과 소통하며 함께 성장하는 의식고도화 과정으로, 더 많은 사람들의 삶의 의욕과 열정을 발현할 수 있는 데 기여하기를 소망해 본다.

핵심인재 의식고도화 교육 30년의 역사가 산업 발전의 정신적 토대가 되고 개인의 삶에 꿈과 열정을 새겨주었듯이, 앞으로 이어질 역사 속에서도 더 많은 사람들과 더불어 희망과 용기를 나눌 수 있기를 기대하고 있다. 건강한 정신과 행동력 강화를 통한 성장이 개인과 회사의 번영을 이끌어 감은 물론 나아가 국가발전의 초석이 되어 줄 것을 믿어 의심치 않는다.

새로운 나를 만나는 도전

발 행 일	2014년 11월 3일 초판 2쇄 발행
저 자	KSA인재개발원
발 행 인	이 종 업
발 행 처	한국표준협회미디어
출판등록	2004년 12월 23일(제2009-26호)
주 소	서울 금천구 가산디지털1로 145, 에이스하이엔드 3차 1107호
전 화	02-2624-0362
팩 스	02-2624-0369
홈페이지	http://www.ksamedia.co.kr

ISBN 978-89-92264-74-7 03320
값 10,000원